Patrick Steinbach

Irish Ukulele Fingerstyle

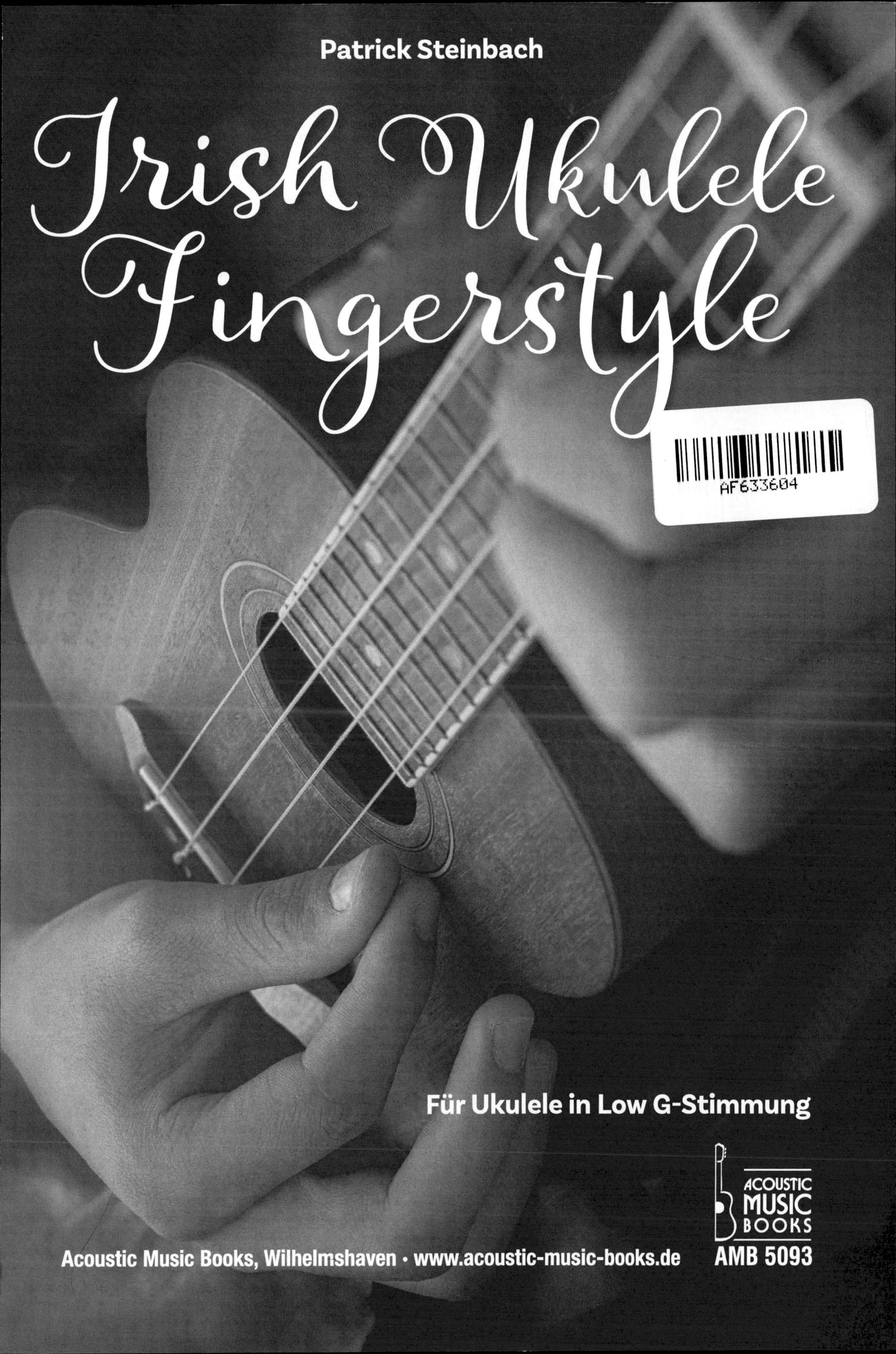

Für Ukulele in Low G-Stimmung

Acoustic Music Books, Wilhelmshaven · www.acoustic-music-books.de

AMB 5093

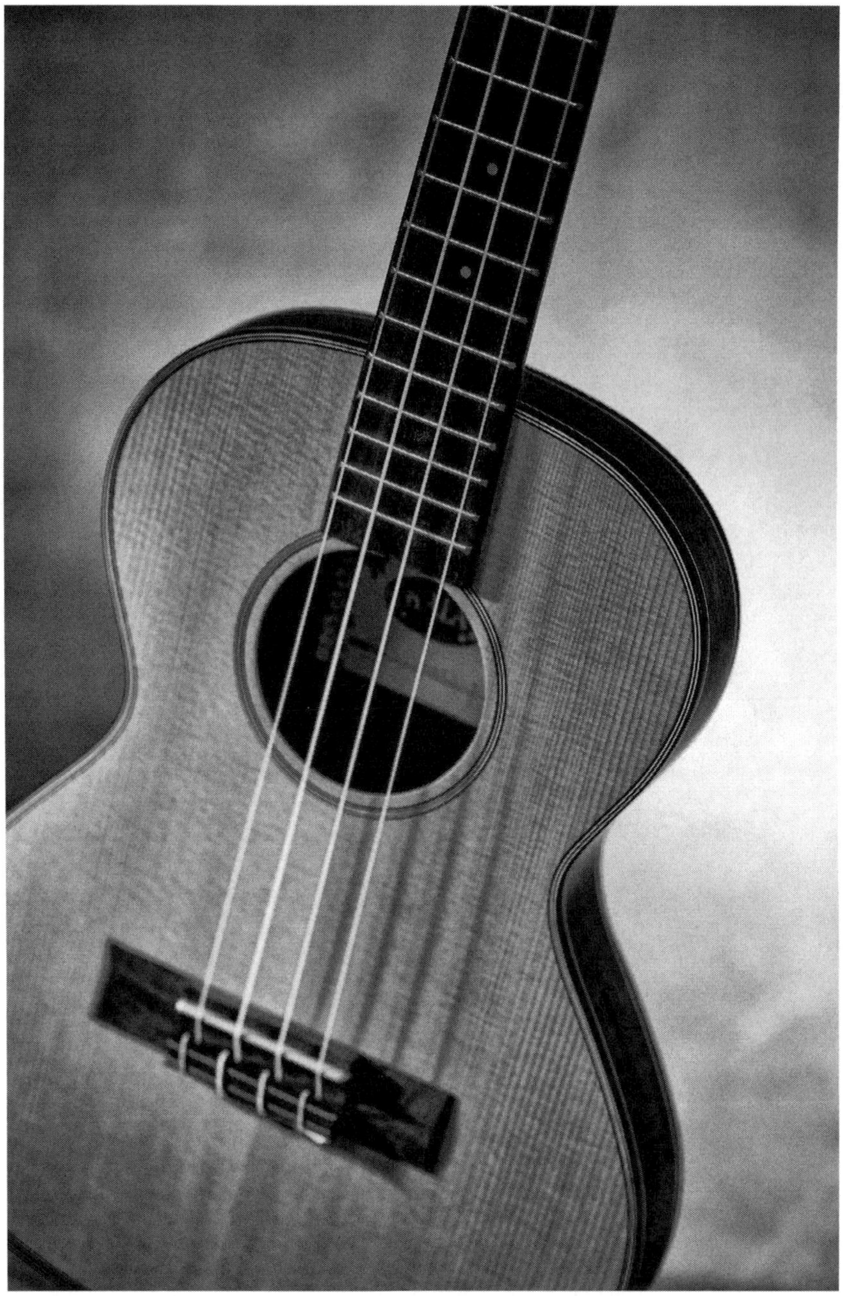

Impressum

Idee, Texte und Notensatz: *Patrick Steinbach*
Coverdesign und Fotos: *Manfred Pollert*
Fotos S. 23, 25, 27, 35, 57: *Patrick Steinbach*
Foto Patrick Steinbach, Umschlagrückseite: *Stephan Klement*
Lektorat, Layout und Produktion: *Gerd Kratzat*
Audios aufgenommen 2023 im WOODPECKER Tonstudio Neu-Isenburg
Einspielung: *Patrick Steinbach, Ukulele*
Patrick Steinbach spielt eine Ukulele von Joe Striebel.

Bestell-Nr. AMB 5093
ISBN 978-3-86947-593-6
ISMN 979-0-50247-593-2
www.acoustic-music-books.de

Liebe Freunde der Irish Folkmusik,
liebe Freunde der Ukulele,

nach wie vor befindet sich die Ukulele auf einem unglaublichen instrumentalen Siegeszug, wie ihn kaum ein anderes Instrument vor ihr geschafft hat. Ob es an ihrer Größe liegt, ihrer Handlichkeit, ihrer angenehmen Transportmöglichkeit oder schlicht an ihrem bezaubernd süßen Klang, die Ukulele gehört momentan mit zu den am meisten verkauften Instrumenten überhaupt. Jeder nahmhafte Instrumentenbauer führt mittlerweile Ukulelen in seinem Programm. Die Bauformen, die Holzauswahl und die Besaitung der Ukulelen finden immer neue Variationen. Ob als Resonatormodell oder Elektroukulele, der Fantasie sind kaum Grenzen gesetzt. Positiv zu erwähnen ist auch das oft recht günstige Preissegment, in dem man diese Instrumente findet. Oft als Zweitinstrument von Gitarristen geschätzt, gibt es eine immer stärker wachsende Fangemeinde, die sich kreativ und fantasievoll mit diesem Viersaiter beschäftigt. Auch gibt es kaum einen Musikbereich, der sich nicht auch mit einer Ukulele erobern lassen würde. Transkriptionen einstmals klassischer Werke begeistern ebenso wie Bearbeitungen aus dem Lager der Rock- und Heavy Metalspieler.

Mit meinem Vorgängerbuch *Irish Ukulele* habe ich versucht, die wunderbare Musik Irlands für dieses Instrument zugänglich zu machen. Was einst als Testballon startete und auf eine unwahrscheinlich positive Resonanz stieß, hat sich nun in der Szene der Irish Folkliebhaber bestens etabliert. Sicherlich wird man mit einer Ukulele kaum gegen den Lautstärkepegel eines irischen Pubs ankommen, dafür kann man im heimischen Wohnzimmer alleine oder mit Freunden den schönen Klang der Ukulele genießen.

Während die Stücke meines ersten irischen Ukulelenbuchs wunderbar auf zwei Ukulelen spielbar sind – eine Ukulele spielt die Melodie, eine andere die Akkorde – wurden in dieser Sammlung alle Stücke im Fingerstyle arrangiert. Das bedeutet, hier spielt man Melodie und Akkorde gleichzeitig. Was auf den ersten Blick vielleicht etwas schwieriger aussieht, gestaltet sich beim Spielen meist als recht komfortabel. Voraussetzung ist, dass man die gängigen Akkorde beherrscht und ein wenig Übung im Zupfen und Begleiten mit Akkorden hat. Selbstverständlich kann man auch hier die Stücke gemeinsam mit anderen Ukulelespielern umsetzen.

Alle Stücke sind in der Low G-Stimmung notiert. Mit Hilfe der QR-Codes kann man sie sich im Internet anhören, um eine Vorstellung vom Tempo und der Stimmung zu bekommen. Alternativ kann man im Internet die Playlist auf dem YouTube-Kanal von Acoustic Music Books aufrufen. Ich wünsche allen Uke-Fans den gleichen Spaß beim Spielen, den ich bei der Auswahl, beim Arrangieren und bei den Aufnahmen hatte. Viel Erfolg wünscht Euch

Patrick Steinbach

Inhaltsverzeichnis

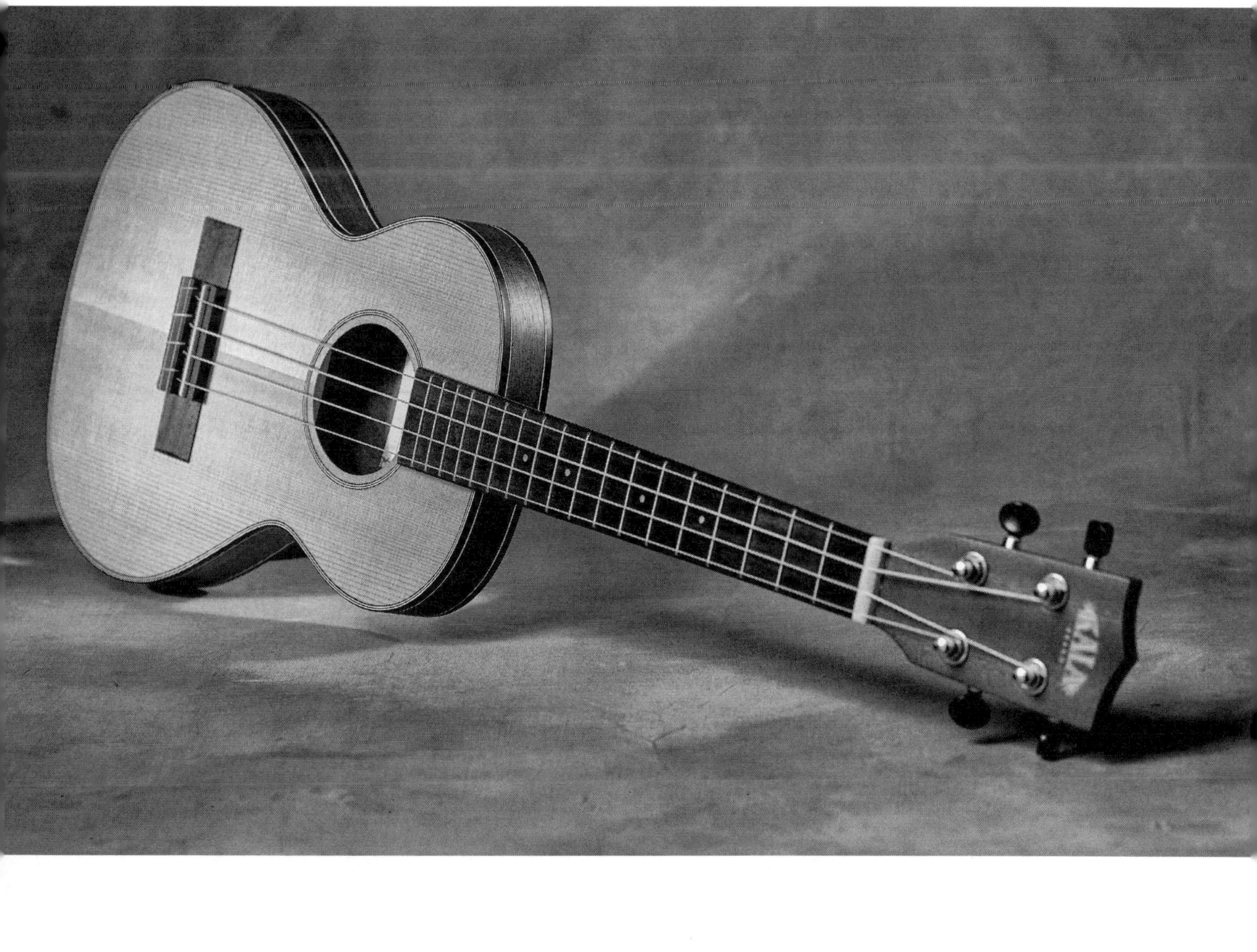

Zum Spielen der Stücke

Fast alle Stücke in dieser Sammlung lassen sich recht bequem mit den allgemein geläufigen Akkorden greifen. Deswegen ist es ratsam, sich die Akkorde in der Akkordtabelle anzuschauen und sie mit den Griffen in den Noten/TABs zu vergleichen. Wenn es mal höher als den dritten Bund geht, ist es meist der kleine Finger, der die Hand nach oben führt. Die Akkordsymbole im Notentext sind zum Finden der Spielposition wichtig, mit ihnen kann aber auch eine zweite Ukulele eine Begleitung spielen. Generell lassen sich alle Stück auch sehr schön in der Gruppe umsetzen. Mit ein paar Freunden an Ukulele oder Gitarre lässt sich ganz einfach ein kleines Ensemble auf die Beine stellen. Irische Musik lädt wie kaum eine andere zum Zusammenspiel ein. Hierfür möge die vorliegende Sammlung Anregung und neues Repertoire sein.

Anmerkungen zu den Stücken

1. Air for a Whistle

Bei dem Titel unseres ersten Stückes denkt man vermutlich zuerst an die Luft, welche man zum Spielen einer Flöte benötigt, sozusagen die Puste des Flötisten. Gemeint ist aber eher die ganz eigene Kategorie der sogenannten Airs. Das sind luftig leichte und immer langsam zu spielende Stücke ähnlich den Laments, die allerdings oft eine eher traurige Stimmung haben. Viele bedeutende Komponisten haben Airs geschrieben. Gerne kann man dieses Lied auch im freien Vortrag spielen (ad libitum) und dabei das Tempo variieren. Dadurch wirkt es noch gefühlvoller.

2. As I Roved Out

Dieses Stück gehört, wie der Titel bereits verrät, in die Kategorie der sogenannten Roving-Songs. Hier wird das Ungebundensein glorifiziert und verklärt. Der Hintergrund ist oftmals die Vertreibung vom Land, welches man bestellte und dessen Pacht man nicht bezahlen konnte. Gerade in den Zeiten der großen Hungersnöte verloren unzählige Farmer ihr Land und mussten sich als Wegelagerer durchschlagen. In den Liedern wurde dann Landstreicherei und Heimatlosigkeit verklärt und idealisiert.

3. Bear Dance Polka

Es ist nicht überliefert, dass Bären gerne zu irischen Polkas tanzen. Die letzten Bären wurden vor kanpp 5000 Jahren von den Einwohnern Irlands gejagt und verspeist. Vielleicht hilft der deutsche Ausspruch „Hier tanzt der Bär“ ein wenig als Metapher, um den Spaß zu beschreiben, den man beim Spielen einer Polka haben kann. Übrigens werden Polkas meist sehr gemütlich gespielt.

4. Black Velvet Band

Dieser wiegende Walzer mit seinem fröhlichen und zum Mitsingen animierenden Refrain darf nicht über die dahinter liegende Tragik hinwegtäuschen. Hier lohnt sich – wie bei allen anderen irischen Songs – das Studium des Textes. Für ein vergleichsweise kleines Vergehen wird der Sänger des Liedes inhaftiert und für sieben Jahre in ein australisches Straflager geschickt. Allein die wochenlange Seefahrt dorthin dürfte nur ein Teil der Delinquenten überlebt haben. Trotz des tragischen Inhalts hat das Lied eine überaus fröhliche Melodie.

5. Cappermore Polka

Der Südwesten Irlands, besonders die Grafschaft Kerry, ist bekannt für ihre vielen Polkas, die hier gerne gespielt werden. Es ist nicht ganz klar, wieso viele bekannte Polkas gerade hier ihren Ursprung haben, während oben in Donegal eher rasent schnelle Reels gespielt werden. Vielleicht geht man es im Süden der Insel einfach lieber etwas gemütlich an. Polkas dienten immer dem Tanzen, auch wenn sie heute fester Bestandteil irischer Sessions sind. Immer schön mit dem Fuß mitwippen, dann klingt die Polka noch besser,

6. Captain O'Kain

Irlands berühmtester Harfenspieler, Turlough O´Carolan (1670–1738), widmete viele seiner Kompositionen lebenden Personen, die er kannte oder von denen er gehört hatte. Dieses Stück hier gehört mit zu den ergreifendsten und melancholischsten Werken aus seiner Feder. Im zweiten Teil geht es hoch hinauf bis zum 8.Bund. Auf der Ukulele kann es in diesen Bereichen recht eng werden, weswegen wir umso genauer greifen und hinschauen müssen. Das Stück sollte recht langsam und mit viel Gefühl gespielt werden. So klingt es dann am besten.

7. Cobbler

Der Schuhmacher war wahrscheinlich neben dem Schmied einer der wichtigsten Handwerker in einem irischen Dorf. Sie genossen hohes Ansehen und wurden meist für ihre Tätigkeiten mit Naturalien entlohnt. Es ist überliefert und in unzähligen Filmen gezeigt worden, dass die meisten irischen Kinder auf dem Land barfuß herumliefen, wohl, weil sich die Eltern keine Schuhe für ihre Sprösslinge leisten konnten. Unser Stück hier ist wie das vorangegangene Stück eine Polka, da man am besten in gemütlichem Tempo spielt.

8. Curragh of Kildare

Die Ebene zwischen Kildare und Newbridge wird als Curragh beschrieben. Hier lag im 19. Jahrhundert ein wichtiger britischer Militärstutzpunkt. Außerdem befindet sich dort Irlands bekannteste Pferderennbahn. Es ist aber auch der Ort, an dem eines der traurigsten irischen Liebeslieder spielt. Während der Winter bereits vorrüber ist und der Sommer naht, ist die große Liebe des Sängers ganz weit weg. Begleitet von wunderschönen Naturbildern wird hier das Getrenntsein von seiner Liebsten besungen. Eine ganz tolle Version von diesem Lied hat der irische Gitarrist und Sänger Christy Moore aufgenommen.

9. Danny Boy

Dies ist wohl Irlands bekannteste Schmachthymne. Sie stammt aus dem Norden Irlands und ist auch bekannt unter dem Namen Derry Air. Vielleicht ein wenig zu oft und zu schmalzig interpretiert, wird es heute kaum mehr gesungen, obwohl die Melodie überaus schön ist. Sie soll sogar auf den blinden irischen Harfenspieler Rory Dall O´Cathain aus dem frühen 17. Jahrhundert zurückgehen. Ich wünsche mir sehr, dass meine Ukuleleversion ein netter Beitrag zur Rehabilitierung dieses Liedes ist. Instrumental und ohne Gesang, hat es auf dem 4-saitigen Instrument einen besonderen Reiz. Bitte mit viel Gefühl spielen.

10. Dunmore Lassies

Viele Stücke der traditionellen irischen Musik tragen Ortsnamen in ihrem Titel. In der Regel haben sie genau dort ihren Ursprung. Das Wort Lassie bezeichnet nicht etwa einen Hund, wie aus der damals bekannten TV-Serie, es ist schlicht das Wort für Mädchen. Es geht also um die jungen Frauen aus Dunmore. Höchstwahrscheinlich haben sie wie andernorts auch den jungen Männern des Ortes ordentlich den Kopf verdreht. Wir werden die wahren Hintergründe wohl nie erfahren, dürfen dieses irische Reel aber gerne mit einem Augenzwinkern spielen.

11. Dever the Dancer

Dies hier ist ein typisch irisches Tanzstück. Es steht im 9/8-Takt und gehört zu der Kategorie der Slip Jigs. Diese Stücke entwickeln mit zunehmendem Tempo einen unwahrscheinlichen Groove. Sie klingen auch langsam toll. Gerne kann man auch bei mehreren Wiederholungen das Tempo steigern. Jigs und Slip Jigs sind instrumentale Tanszstücke, die gerne auf dem Land zum Tanz gespielt wurden.

12. Fiddler's Green

Die Jenseitsvorstellungen verschiedener Kulturen können sich ganz erheblich voneinander unterscheiden. Dem Himmel-Hölle-Konzept der Christen steht die Idee der ewigen Jagdgründe der Indianer gegenüber. Buddhisten glauben an das ewige Rad der Wiedergeburt und irische Seemänner glauben an Fiddler´s Green. Fische springen von selber auf das Boot, auf den Inseln wachsen Bäume mit Whiskeyflaschen dran, und in den Pubs werden Seemänner von hübschen Frauen verwöhnt. Von allen Jenseitsvorstellungen ist mir persönlich Fiddler´s Green am sympathischsten.

13. Foxhunter

Die Fuchsjagd war das Privileg der englischen Großgrundbesitzer. Selbst in den zahlreichen Flüssen durfte der gebürtige Ire niemals ohne Erlaubnis angeln. Die Füchse waren nur wegen ihres Felles begehrt, und mit deren Fleisch konnte man höchstens die Hunde füttern. Wieder haben wir es mit einem Tanz im 9/8 Takt zu tun. Ebenfalls würde ich hier eher langsam beginnen und dann mit jeder Wiederholung das Tempo steigern.

14. Galway Roundabouts

Dieses Stück entstammt meiner eigenen Feder. Der Titel hierzu fiel mir ein, als ich einmal mit dem Motorrad in Irland war und durch Galway fuhr. Galway hat unzählige Kreisel, durch die man fährt, um durch die Stadt zu kommen. Und die irischen Kreisel machen einfach Spaß. Viele bin ich mehrfach durchfahren, wobei mir dieser Titel einfiel. Die Melodie dazu fiel mir dann ein, als ich wieder zu Hause war. Ein Stück, dass man immer wieder im Kreis spielen kann, ohne dass es langweilig wird.

15. Golden Jubilee

In Irland werden Goldene Hochzeiten eher selten gefeiert. Das hat schlicht mit dem fortgeschrittenen Alter der Brautleute zu tun, welche beide gemeinsam erreichen sollten. Zudem müsste man auch recht früh geheiratet haben. Das hier besungene Liebespaar blickt auf viele Jahre erfüllte Ehe zurück und freut sich auf das kommende Fest. Mit einer guten Portion Optimismus und einem gehörigen Augenzwinkern lauschen wir einer fröhlichen und einfachen Melodie. Die Tonart A-Dur wird in der irischen Musik nicht oft gespielt, sie eignet sich aber hervorragend für diese einfache Bearbeitung. Die vielen Wiederholungen lassen dieses Lied schnell zu einem Ohrwurm werden. Viel Spaß mit diesem Lied.

16. Give me your Hand

Dieses Stück ist das bekannteste des irischen Harfenspielers Rory Dall O´Cahan (ca. 1580–1653). Die Geschichte dazu geht so. Cahan war zu einem Fest eingeladen, auf dem er Harfe spielen sollte, doch die Anwesenden hörten ihm nicht wirklich zu. Beleidigt wegen fehlendem Respekt packte er seine Harfe wieder ein. Doch die Gastgeberin des Festes flehte ihn an, seine Harfe nur noch einmal auszupacken. Dies tat er dann auch und spielte spontan dieses wunderbare Lied. Es war Jahr lang die Erkennungsmelodie des RTÉ in Irland.

17. Harvest Home

Dieses Lied gehört zu der Kategorie der Hornpipes. Das sind Stücke ähnlich der Reels, die im 4/4-Takt notiert sind, aber oft punktiert gespielt werden. Sie haben einen hüpfenden (bouncy) Rhythmus und werden meist recht gemütlich interpretiert. Das ist auch sinnvoll, denn mitten in der Melodie verbergen sich oft schnellere Tonleiterläufe, die geübt werden wollen. Mit einem den Rhythmus mitstampfenden Fuß hört es sich gleich noch viel besser an. Dieses Stück hat mehrere Geschwister wie zum Beispiel die Higgin´s Hornpipe, welche zum Teil exakt die gleichen Melodieteile verwendet.

18. Greenland Whalefisheries

Es gab wohl kaum eine härtere Arbeit als die der Walfänger. Sturm und Eis begleitete die Seemänner, von denen niemand schwimmen konnte. Es hätte auch im Nordmeer wenig genutzt. Einmal erlegt, konnte ein Wal aber für viele Monate Nahrung spenden. Auch sein Fett wurde zu Lampenöl verarbeitet, aus seinen Knochen wurden Werkzeuge und Kunstgegenstände geschnitzt. Es ranken sich unzählige Geschichten um den Mut, die Ausdauer, aber auch die Trauer von über Bord gegangenen Kameraden. Der Respekt und die Ehrfurcht vor den Monstern der See vermischen sich mit Unglaublichem, Sagenhaftem und Abenteuerlichem, gestrickt aus Seemannsgarn und Fantasie.

19. Hills of Connemara

Das Schwarzbrennen von Whiskey war durch die Engländer verboten, denn nur sie besaßen die Lizenzen vom Brennen des Hochprozentigen. Illegal gebrannter Whiskey wurde Poteen genannt, was an die Zutat der Kartoffel erinnert, die genug Stärke besaß, welche durch Gärung in Alkohol umgewandelt wurde. Die unzugänglichen Täler und Berge in Connemara waren der ideale Ort für das Schwarzbrennen. Hier hängt der Nebel ständig tief, so dass man den Rauch der improvisierten Destillen kaum bemerkt.

20. In Dublin´s Fair City (Molly Malone)

Mit einere bronzenen Statue steht sie verewigt in der Dubliner Innenstadt und soll an die schlimmen Zeiten von Hungersnöten erinnern. Merkwürdig nur, dass die in dem bekannten Lied besungene Dame recht üppig dargestellt wird und im Gegensatz zu wirklich Hungerleidenden deutlich zu viele Pfunde mit sich trägt. Das Lied ist ordentlich abgegriffen, kann aber mit zwinkernden Augen trotzdem Spaß machen. Es ist ein gemütlicher Walzer, der von der armen Fischverkäuferin Molly Malone erzählt, die selbst nach ihrem Tod ihren Schubkarren durch die Stadt schiebt und ihre Waren anbietet.

21. Irish Wedding

Auf dem Land in Irland war jede Hochzeit ein großes Ereignis. Das gesamte Dorf kam zusammen, um zu feiern und zu tanzen. Meistens konnte nur der älteste Sohn einer Familie heiraten, während die anderen Kinder weiter den elterlichen Hof bestellten und bei der Farmarbeit halfen. Es waren Zweckheiraten, sie dienten dem Fortbestand zweier Familienstände und kosteten den Brauteltern eine gehörige Leistung an Mitgift. In Lisdoonvarna, einem kleinen Örtchen im County Clare gibt es heute noch das älteste Matchmaking Festival, ein offizieller Heiratsmarkt, der Heiratswillige aus dem ganzen Land anzieht. Hierzu dann auch das passende Lied.

22. James Connolly

James Connolly spielte eine wichtige Rolle bei der Emanzipation Irlands von England. Als marxistischer Sozialist und Revolutionär nahm er mit seiner Dublin Brigade an dem berühmten Osteraufstand im Jahr 1916 teil. Von den Kämpfen schwer verwundet wurde er nur eine Woche nach der Kapitulation der irischen Rebellen von den Engländern im Innenhof des Kilmainham Goal erschossen. Sein Vermächtnis ist unzweifelhaft das erstarkte Nationalbewusstsein der Iren, welche unter einer über 800 Jahre währenden Unterdrückung gelitten hatten.

23. Jolly Beggar

Allein der Titel lässt bereits aufhorchen, denn in Wirklichkeit wird es nicht allzu fröhliche Bettler geben. Hinter diesem Lied verbirgt sich das uralte Märchen des Königs, der in Lumpen gekleidet und folglich unerkannt durch sein eigenes Reich zieht und mit seinen Untertanen Schabernack treibt. In diesem Lied verführt er mit wilden Versprechungen eine Farmerstochter. Schlussendlich ihrer Jungfernschaft beraubt, erkennt sie, dass sie einem ganz gewöhnlichen Landstreicher aufgesessen ist. Am besten, man spielt dieses Lied mit gehörigem Augenzwinkern.

24. Kildare Fancy

Unser zweites Stück, welches ebenfalls aus Kildare stammt. Es handelt sich um eine Hornpipe mit ihrem typisch punktierten Rhythmus. Außergewöhnlich ist vielleicht die Tonart A-Dur, welche auf der Ukulele einige Überraschungen bereit hält. In den Takten 5 und 6 greifen wir mit dem Zeigefinger einen Barré-Akkord. Der Wechsel zum nachfolgenden E7 benötigt etwas Übung, weswegen ihr das Stück langsam angehen solltet. Wenn sich eure Finger einmal an die Griffe gewöhnt haben, ertönt eine sympathisch witzige Melodie, die sicherlich viele Zuhörer finden wird.

25. Kerry Polka

Kerry ist eine wunderschöne Grafschaft im Südwesten der Insel. Gleichzeitig ist sie auch Heimat unzähliger wunderbarer Polkas. Die Tradition des gemeinsamen Tanzens zu einer nicht allzuschnellen Polka ist hier auf dem Land noch ungebrochen. Ich selber hatte einmal das große Glück, als einer der einzigen Toursiten bei einem sogenannten Scheunentanz dabei sein zu dürfen. Zwar habe ich mir keinen einzigen Tanzschritt gemerkt, weiß aber noch, dass es ein sehr vergnüglicher Abend war.

26. Leaving of Liverpool

Wer als Ire in die Neue Welt, nach Amerika, auswandern musste, der nahm zwangsläufig den Weg über England. Von hier aus fuhren regelmäßig Schiffe über den großen Ozean, der fortan und unüberbrückbar die alte von der neuen Heimat trennte. Die Überfahrten müssen zum Teil der blanke Horror gewesen sein. Auf dem untersten Deck eingepfercht bei den Tieren, gab es zu wenig Platz, Luft und Nahrung. Viele überlebten die Reise nicht und wurden oft anonym auf hoher See bestattet. Dieses Lied gehört mit zu den antreibendsten und zugleich wehmütigsten Emigrationsongs.

27. Lifeboat Mona

Eine wahre und sehr traurige Geschichte verbirgt sich hinter diesem Lied. Ein Notruf erreicht die Küstenwache. Ein Schiff ist bei Sturm in Seenot geraten. Das Rettungsboot Mona läuft aus und havariert. Es geht im Sturm unter. Alle Mann ertrinken bei diesem Unglück. Eine sehr ergreifende Version haben die Dubliners aufgenommen. Leider wird das Stück heute kaum mehr gespielt, weswegen ich beschloss, es mit in diese Sammlung aufzunehmen. Wenn ihr es schafft, das Lied mal laut und mal leise zu spielen, entsteht genau die richtige melancholische Stimmung

28. Mary's Wedding

Eine wunderbare kleine Polka mit betörender Melodie. Ich hatte das Stück schon länger im Ohr, wusste aber nicht, wie es heißt. Zum Glück hatte ich bei einem meiner Workshops eine nette Teilnehmerin, welche das Stück in einer Pause spielte. So kam es, dass ich die Polka von ihr lernte, wobei wir viel Spaß hatten. Viele der irischen Traditionals sind unter verschiedenen Namen bekannt, so dass es nicht immer leicht ist, davon die Noten zu bekommen. Ein herzlicher Dank geht an dieser Stelle an meine Workshopteilnehmerin.

29. Merrily Kissed the Quaker

Hier kommt nun ein Tune im 12/8-Takt. Im Grunde sind es zwei 6/8 Takte, die zu einem Takt zusammengeführt werden. Eine einnehmende und lustige Melodie mit einem ebenso witzigen Titel, sind doch die Quaker, eine sehr puritanische Glaubensgemeinschaft, nicht wirklich bekannt für ihre fröhlichen Küsse. Je mehr die natürlichen Triebe und alles, was Spaß macht, durch Religion und verquere Moralvorstellungen unterdrückt werden, desto eher suchen sie sich eine Hintertür, um doch noch ausgelebt zu werden. Wie hier zum Beispiel in einem fröhlichen Tanzstück. Bitte also mit viel Vergnügen spielen.

30. My Darling Asleep

Hier nun wieder eine Jig, welche durch ihre vielen Wiederholungen sofort ins Ohr geht. Viele Stücke der traditionellen irischen Musik beschreiben mit ihren Titeln Szenen aus dem ganz gewöhnlichen Alltag. Der wiegende 6/8-Takt hat etwas wirklich sehr Beruhigendes, bei dem man sich gut vorstellen kann, wie dabei seine Liebste langsam in den Schlaf gewogen wird. Wenn man es nicht zu schnell spielt, entsteht eine wohlig warme Atmosphäre. Viel Spaß mit diesem irischen Wiegenlied.

31. Mrs. Murphy

Dieses Stück ist eine Komposition des blinden Harfenspielers Turlough O´Carolan, der von 1670 – 1738 lebte. Er gilt als Irlands bedeutendster Komponist. Er hinterließ über 200 grazile Werke, die allerdings nur als Melodie aufgeschrieben wurden. Die meisten seiner Stücke widmete er seinen Bewunderern, bei denen er oft für mehrere Wochen unterkam und dort freie Kost und Logie genoss. Seine späteren Werke wurden stark durch die beim irischen Landadel gerne gehörte italienische Barockmusik beeinflusst. Eines meiner absoluten Lieblingslieder.

31. My Darling Asleep

Hier nun wieder eine Jig, welche durch ihre vielen Wiederholungen sofort ins Ohr geht. Viele Stücke der traditionellen irischen Musik beschreiben mit ihren Titeln Szenen aus dem ganz gewöhnlichen Alltag. Der wiegende 6/8-Takt hat etwas wirklich sehr Beruhigendes, bei dem man sich gut vorstellen kann, wie dabei seine Liebste langsam in den Schlaf gewogen wird. Wenn man es nicht zu schnell spielt, entsteht eine wohlig warme Atmosphäre. Viel Spaß mit diesem irischen Wiegenlied.

32. Wraggle Taggle Gypsies

Die Frau eines Lords schaut aus dem Fenster und sieht das fahrende Volk, die Gypsies. Sie entschließt sich, Hof und Mann zu verlassen und schließt sich ihnen an. Sehr zum Missfallen des allein gelassenen Ehemannes. Er macht sich auf den Weg und reitet alle vier Himmelsrichtungen ab, um sie zu finden und sich zu rächen. Der Wahrheitsgehalt kann hier nicht überprüft werden, aber zeugt von einem Wunsch nach Ungebundensein. Während das Leben des fahrenden Volkes in den Liedern meist idealisiert wird, haben sie es im realen Leben ziemlich schwer. Am Rande der Ortschaften leben sie in Wohnwagen und nehmen am öffentlichen Leben kaum teil.

33. Oro se do Bheatha Bhaile

Dieses Lied handelt von der sagenumwobenen Piratin Grace O´Malley, die es tatsächlich gab. Als rothaarige Furie nahm sie nicht nur jeden Kampf mit anderen Piraten auf, sie trotze sogar Queen Elisabeth, welche sie gefangen nahm und in den Tower werfen ließ. Aber O´Malley gelang die Flucht, und so lebten alle ihre Legenden munter weiter. Wer ganz genau hinhört, wird eine gewisse Ähnlichkeit mit dem schottischen Shante des Drunken Sailor erkennen. Allso: alle Seefahrer und Piraten an die Ukulelen und »Auf geht's!«.

34. Paddy's Green Shamrock Shore

Paddy ist der Spitzname für alle Iren, da es einer der häufigsten Vornamen für Männer in Irland war. Dieser Name wurde meist von den Engländern äußerst verächtlich benutzt. Die Iren wurden als arbeitsfaul, trinksüchtig und renitent beschrieben. Zu Zeiten der großen Hungersnot ab dem Jahr 1845 wanderten unzählige Iren vornehmlich nach Amerika aus, dem Land der unbegrenzten Möglichkeiten. Das letzte, was die Auswanderer von ihrer Heimat sahen, war die irische Küste. Der Shamrock, das Kleeblatt, war eines der wichtigsten Symbole, welche die Iren mit ihren Heimat verbanden. Das Stück sollte nicht zu schnell und mit viel Gefühl gespielt werden.

35. Peter Street

Dieses Stück gehört zu den sogenannten Reels, das sind Tänze im 4/4-Takt. Meist werden sie rasend schnell gespielt, was auf einer Geige oder einer Flöte auch wesentlich leichter ist als auf einer Ukulele. Der besondere Reiz liegt aber weniger im Tempo als an den häufigen Pedaltönen, die als eine Art subtiler Begleitung zwischen die Melodietöne gespielt werden. Hierdurch entsteht ein leichter Eindruck von Mehrstimmigkeit. Auf der Ukulele würde ich es etwas langsamer angehen und dafür mehr mit Lautstärkeunterschieden experimentieren. Viel Spaß bei diesem Reel!

36. Rocky Road to Dublin

Im Grunde ist der zu dieser Slip Jig gehörende Text unsingbar. Nur die versiertesten und mutigsten Sänger werden dieses Stück zum Besten geben. Quasi ohne eine Atempause und in irrwitzigem Tempo wird die Geschichte eines armen Auswanderers besungen, der zwar das Schiff in eine neue Heimat nimmt, dort aber im Unterdeck bei den Schweinen unterkommt. Nach etlichen Schikanen entschließt er sich, den steinigen Weg zurück nach Dublin zu gehen. Ich empfehle einmal den Text im Internet zu suchen oder sich eine der vielen Versionen einmal anzuhören. Aber auch im langsamen Tempo hat dieses Stück seinen Reiz. Probiert einfach einmal aus, wie schnell ihr es spielen könnt.

37. Sick Note

Den Text zu diesem Lied sollte man sich auf jeden Fall einmal im Internet durchlesen. Es ist eine gesungene Krankschreibung, in welcher der Sänger einen unglaublich Arbeitsunfall beschreibt. Durch eine Verkettung unglücklicher Umstände fällt der Arbeiter aus dem 14. Stock eines Hochhauses, ihm fallen dann auch noch sämtliche Ziegel auf den

Kopf. Was in vermeintlich lustiger und kaum ernst zu nehmender Art erzählt wird, hat einen realen Hintergrund. Irische Arbeiter bauten in schwindelerregender Höher die Hochhäuser der schnell wachsenden Städte. Von Arbeitsschutz und Versicherungen konnte keine Rede sein, so dass es tatsächlich oft zu dramatischen Unfällen kam. Es schadet aber nicht, dieses Lied mit einer Portion Humor zu spielen.

38. Suil a Ruin

Ein herzzerreißendes Liebeslied, dessen Text teils auf Englisch und teils auf Gälisch gesungen wird. Was würde die verzweifelte Frau alles geben, um ihren Liebsten wieder zu haben. Aber alles Flehen und Bitten ist vergebens. Die Liebenden bleiben in den irischen Liebeslieder meist getrennt, so dass nur Hoffnung bleibt, dass man sich vielleicht nach dem Tode wiedersehen würde. Eine wunderbar traurige Melodie, die einem lange im Ohr bleiben wird. Bitte sehr langsam und mit viel Gefühl spielen.

39. Southwind

Wie der Name bereits andeutet, gehört auch dieses Lied zu den sogenannten Airs. Hier handelt es sich um einen wiegenden Walzer, den man durchaus im freien Vortrag spielen darf. Gerne kann man also die Geschwindigkeit variieren, mit der man spielt. Das gibt manchen Stücken eine besonders gefühlvolle Note. Im zweiten Teil geht es dann auch in luftige Höhen zum 8. Bund. Hier greifen wir am besten mit Ring- und kleinem Finger, es ist der gleiche Griff, den ihr auch auf dem 3.Bund habt. Wichtig ist, dass ihr die Melodie schön heraushebt.

40. Timpan Reel

Dieses Lied habe ich von der irischen Gruppe The Chieftains gelernt. Eine betörend einfach und sich ständig wiederholende Melodie, die den für irische Musik so typischen Quintsprung verwendet. Besonderen Spaß bereitet es, wenn man es mit mehreren Ukulelen spielt und dabei kräftig mit dem Fuß den Rhythmus mitklopft. Reels wurden auf dem Land immer zum Tanz gespielt. Teils in wahnsinnigem Tempo tanzen dazu Paare meist im Kreis. Wer das Glück hatte, solch einen Tanz einmal live gesehen oder besser noch selber getanzt zu haben, wird das niemehr wieder vergessen.

41. Trip to Sligo

Eine Jig, die mit einem Oktavsprung beginnt und deren melodischen Motive sich ständig wiederholen. Kein Wunder, dass dieser irische Tanz schnell ins Ohr geht. Der Reiz liegt hierbei sicherlich auch in dem Tempo, mit dem man es gerne spielen möchte. Hier gilt es, wie bei allen anderen Stücken auch, langsam anzufangen und das Tempo erst zu steigern, wenn sich die Finger halbwegs sicher bewegen. Eine kräftige Betonungen auf den ersten Schlag im Takt erhöht nicht nur die Spielfreude, es macht das ganze Stück musikalischer und ausdrucksstärker.

42. Two Wiliam Davises

Wieder ein Stück des berühmten irischen Harfenspielers Turlough O´Carolan. Es sind musikalische Widmungen an Menschen, die Carolan kannte und denen er nahe stand. Oftmals lebte er eine kurze Zeit bei ihnen und schuf für sie überaus grazile Werke, die selbstverständlich im Familienbesitz aufbewahrt und auch gespielt wurden.

43. Wind That Shakes the Barley

Der gleichnamige Film von Ken Loach zeigt in eindrücklichen und zum Teil schockierend harten Bildern die Willkür und Brutalität des britische Militärapparats. Die berüchtigten Back and Tans, eine paramilitärische Terrorgruppe, verbreiten Angst und Schrecken unter den Iren. Nachdem ein junger Ire von ihnen umgebracht wird, weil er sich weigert, seinen Namen auf Englisch zu sagen, wird dieses Lied von einer alten Frau auf dessen Totenfeier gesungen. Nur der Wind kann sich in Irland frei bewegen, und er singt unablässig das Lied von der Freiheit und der Hoffnung auf das Ende der Unterdrückung.

44. Whiskey in the Jar

Wer glaubt, dass es sich bei diesem Lied um ein Trinklied handelt, der möchte gerne einmal den Text dazu lesen. Der Sänger des Liedes stiehlt Geld, gibt einen Teil davon für eine Prostituierte aus, welche ihn an die Polizei verät. Er landet im Gefängnis und erwartet ein unschönes Ende am Galgen. Aber er erinnert sich, dass er einen Bruder in der Armee hat, der ihn vielleicht noch retten könnte. Trotz dieser vielleicht merkwürdigen Geschichte, lässt sich der Refrain hervorragend mitsingen. Spieltechnisch ist es nicht allzu schwer zu spielen und macht besonders in der Gruppe Spaß.

1. Air for a Whistle

Irish Traditional, Bearbeitung: Patrick Steinbach

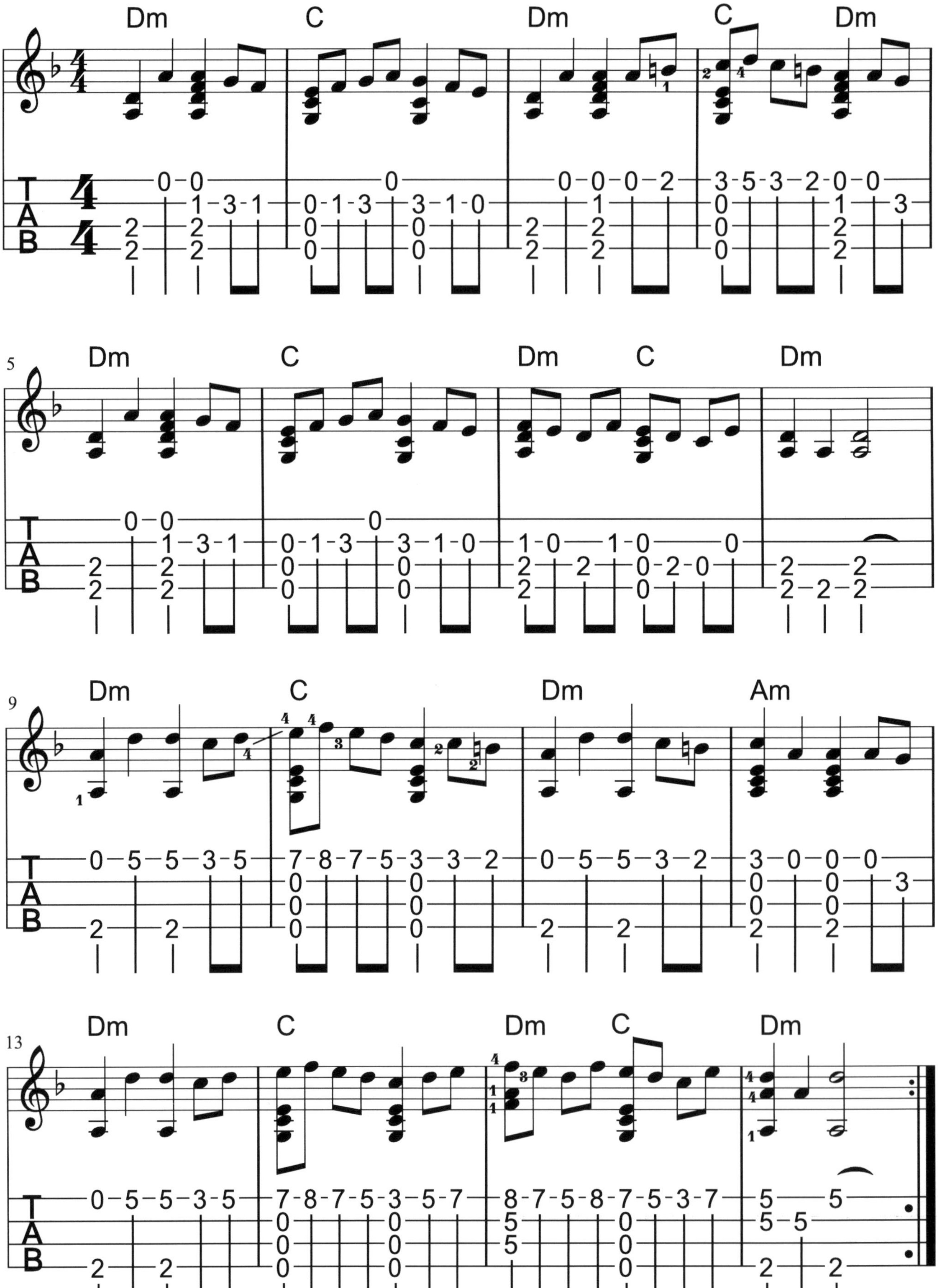

2. As I Roved Out

Irish Traditional, Bearbeitung: Patrick Steinbach

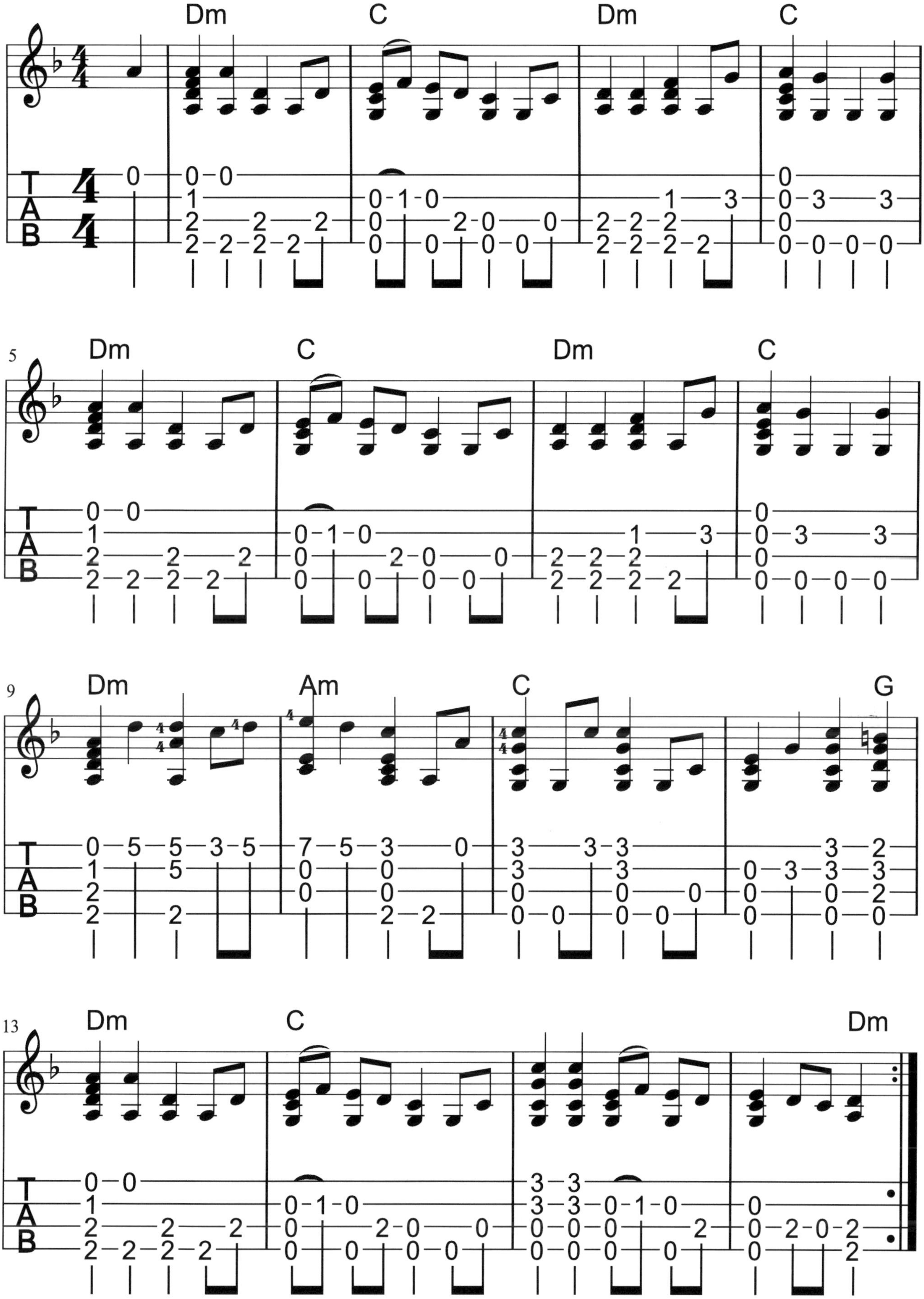

3. Bear Dance Polka

Irish Traditional, Bearbeitung: Patrick Steinbach

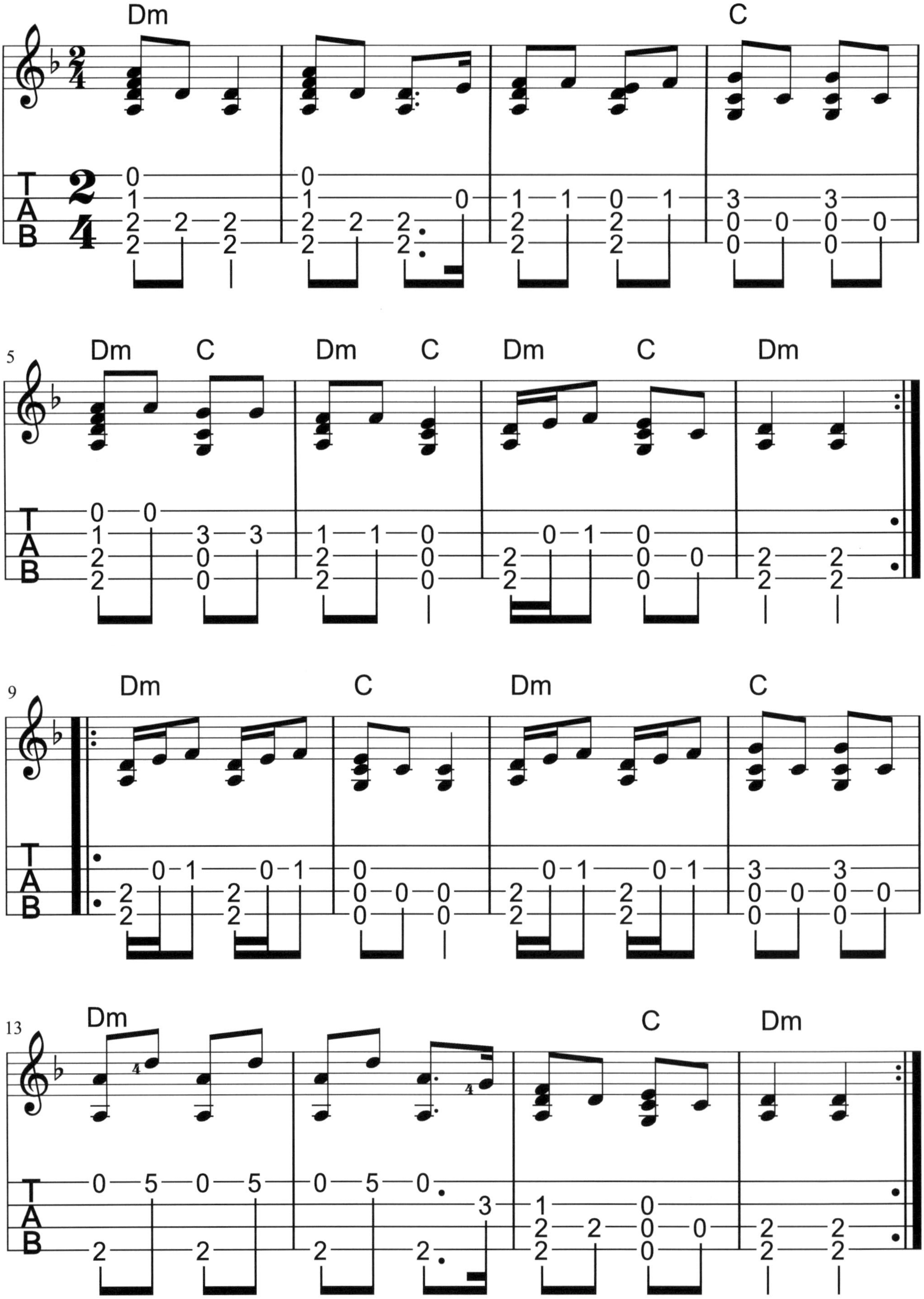

4. Black Velvet Band

Irish Traditional, Bearbeitung: Patrick Steinbach

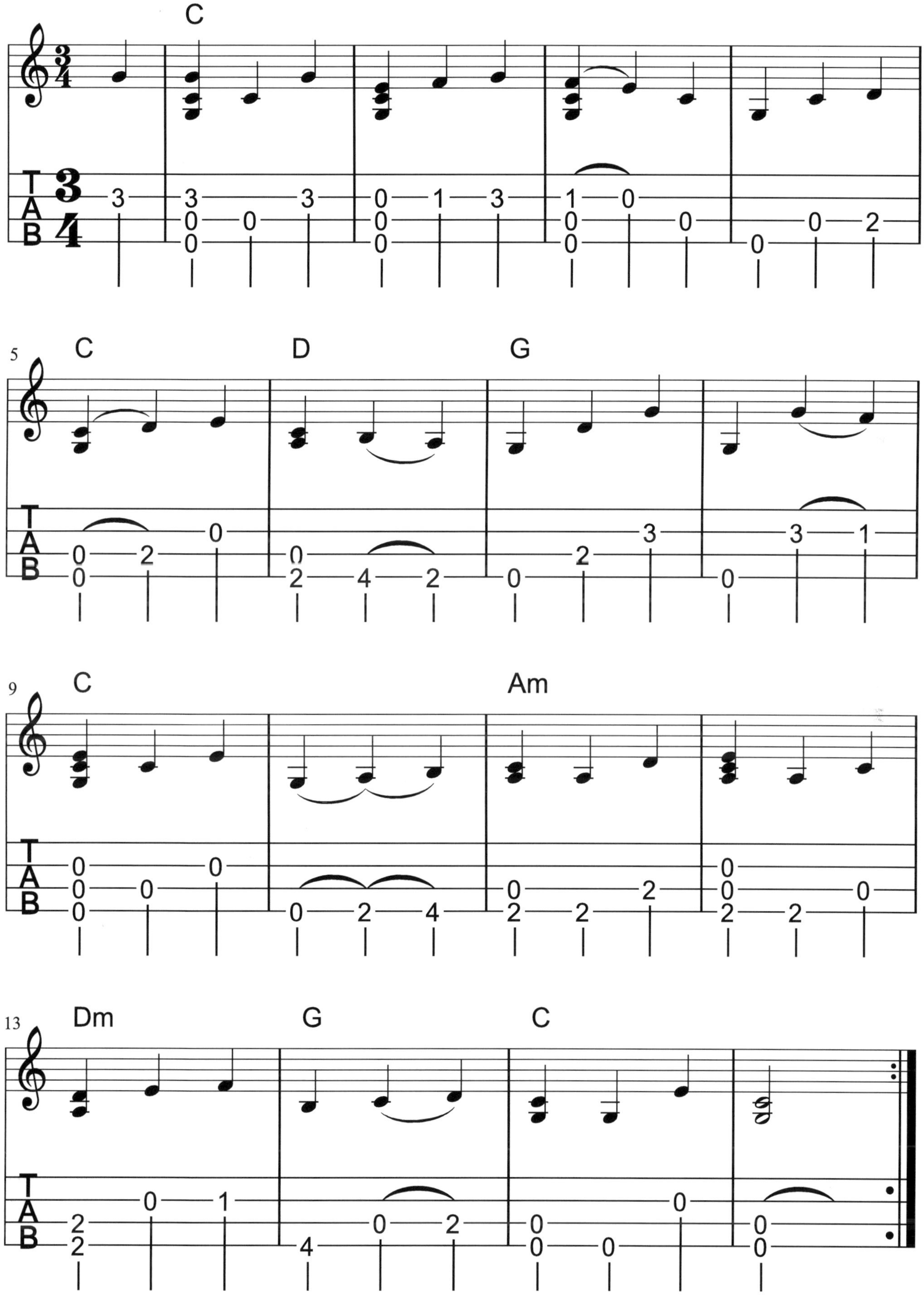

5. Cappermore Polka

Irish Traditional, Bearbeitung: Patrick Steinbach

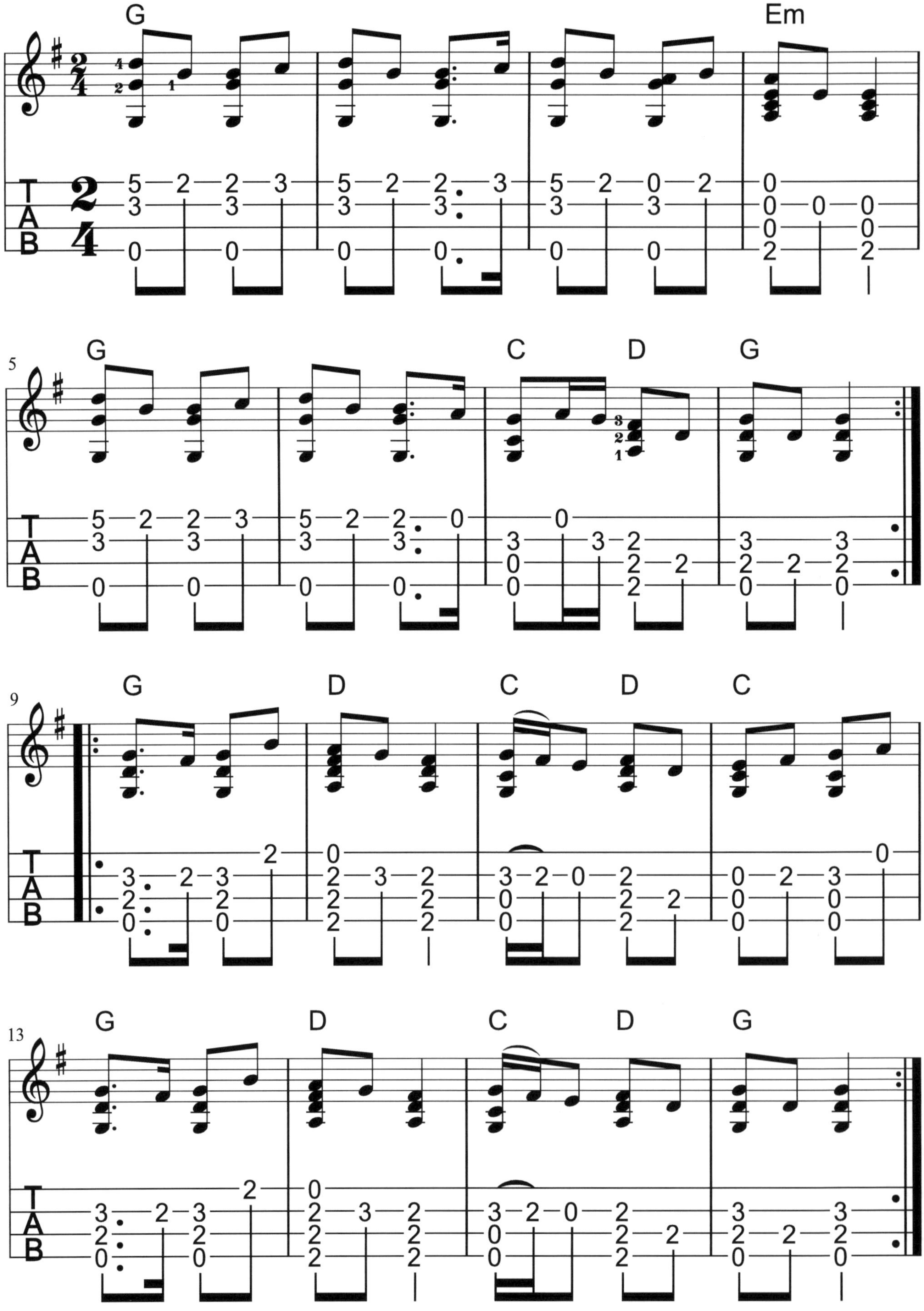

6. Captain O'Kain

Turlough O'Carolan (1670–1738), Bearbeitung: Patrick Steinbach

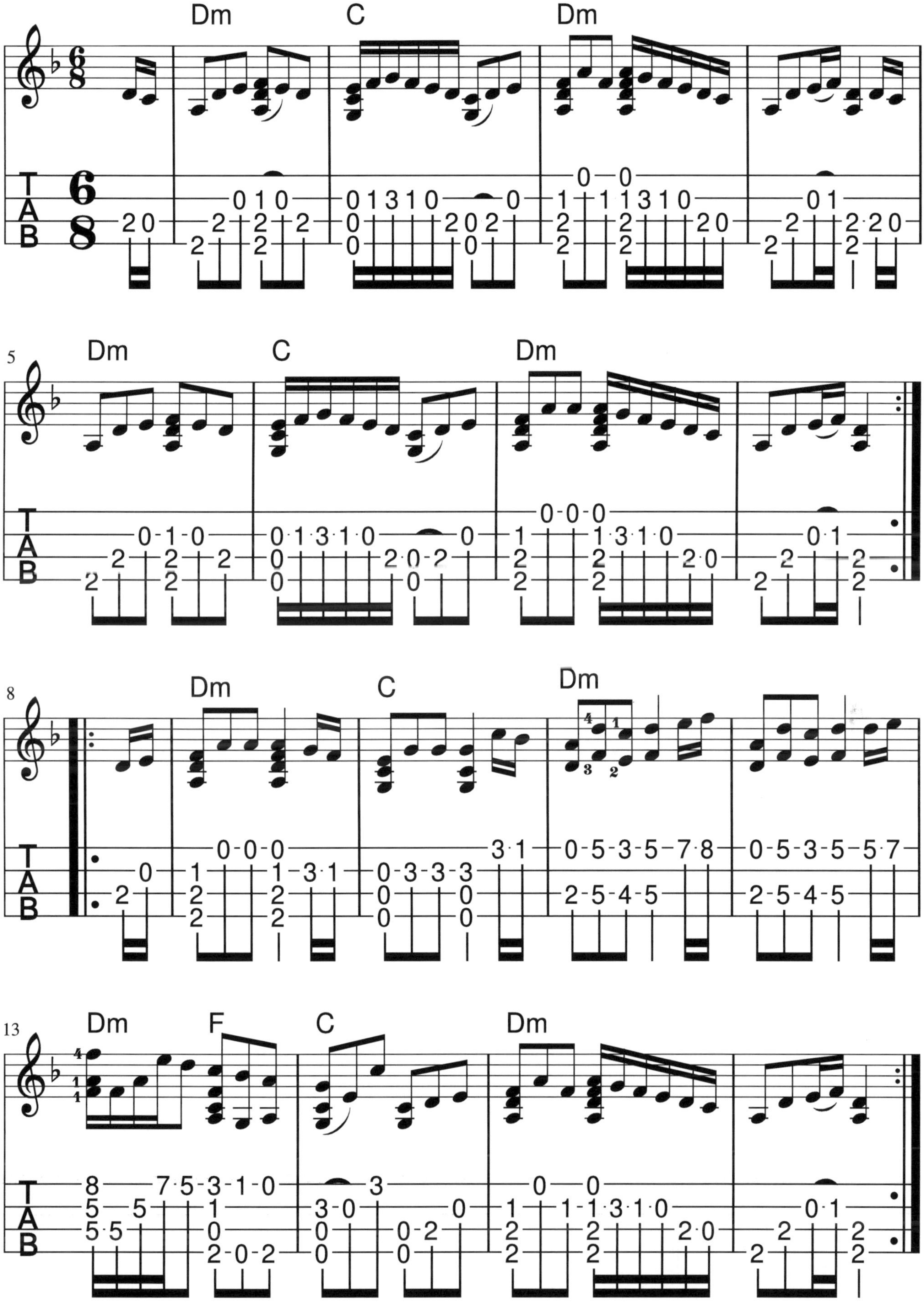

7. Cobbler

Irish Traditional, Bearbeitung: Patrick Steinbach

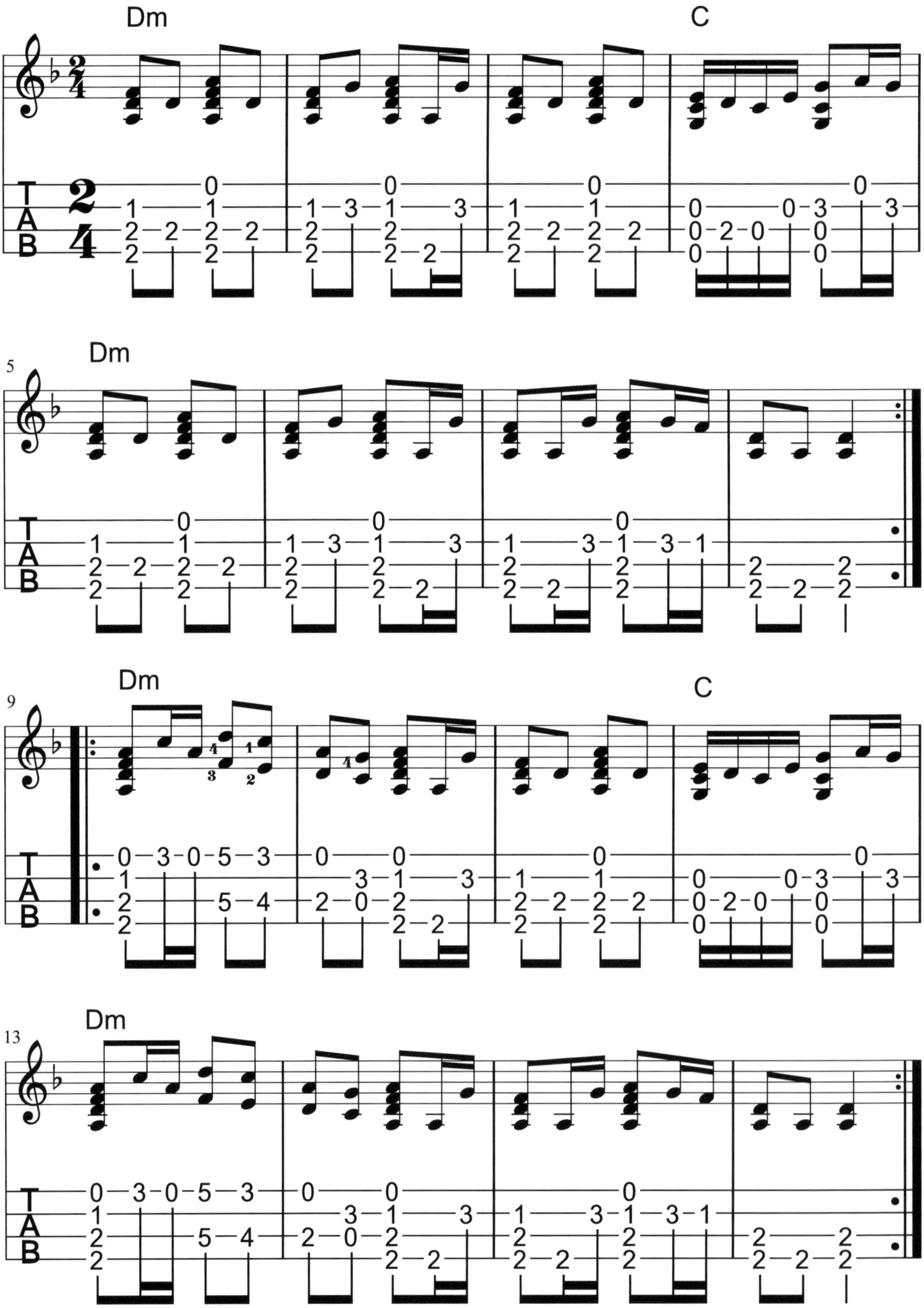

8. Curragh of Kildare

Irish Traditional, Bearbeitung: Patrick Steinbach

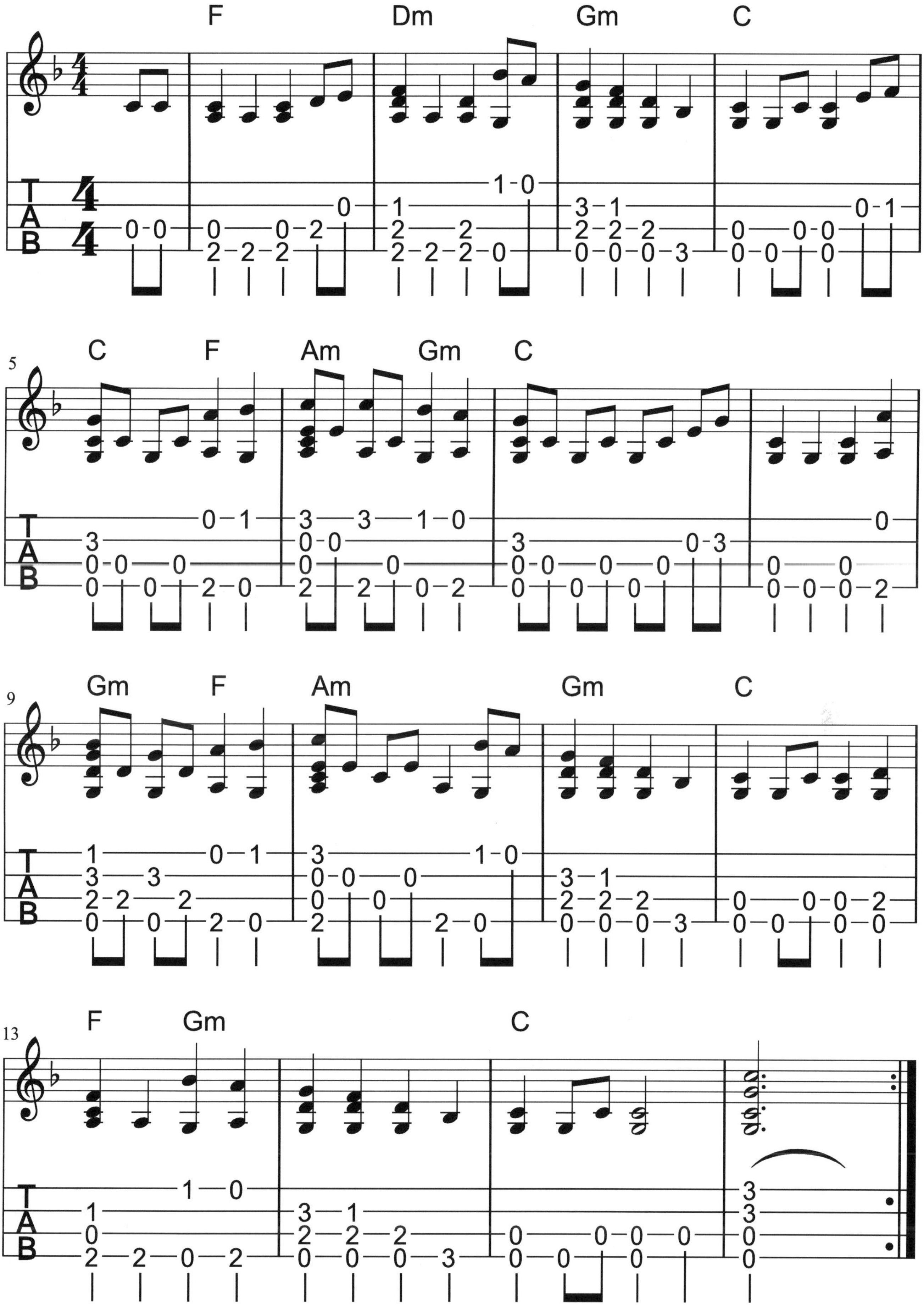

9. Danny Boy

Irish Traditional, Bearbeitung: Patrick Steinbach

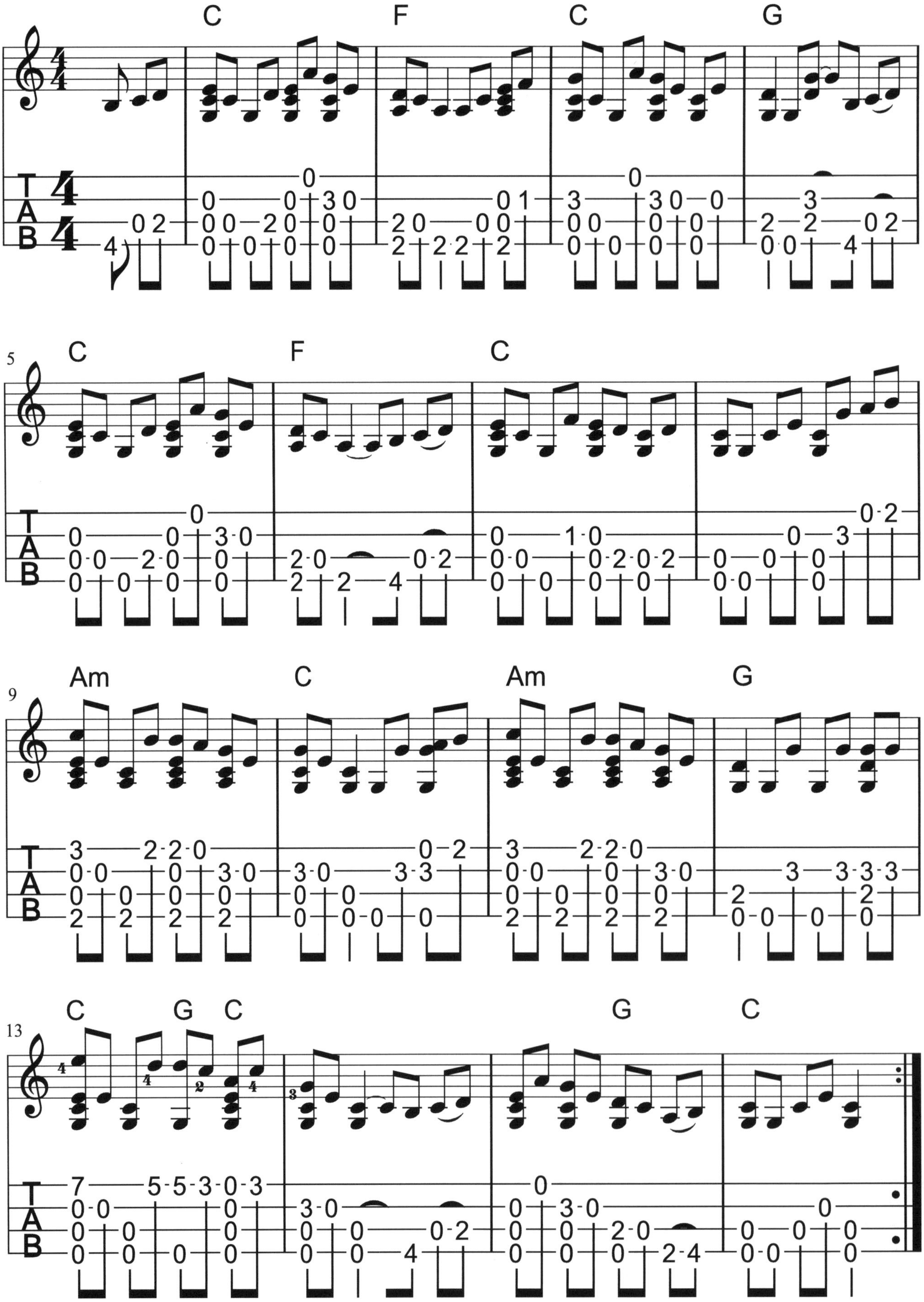

10. Dunmore Lassies

Irish Traditional, Bearbeitung: Patrick Steinbach

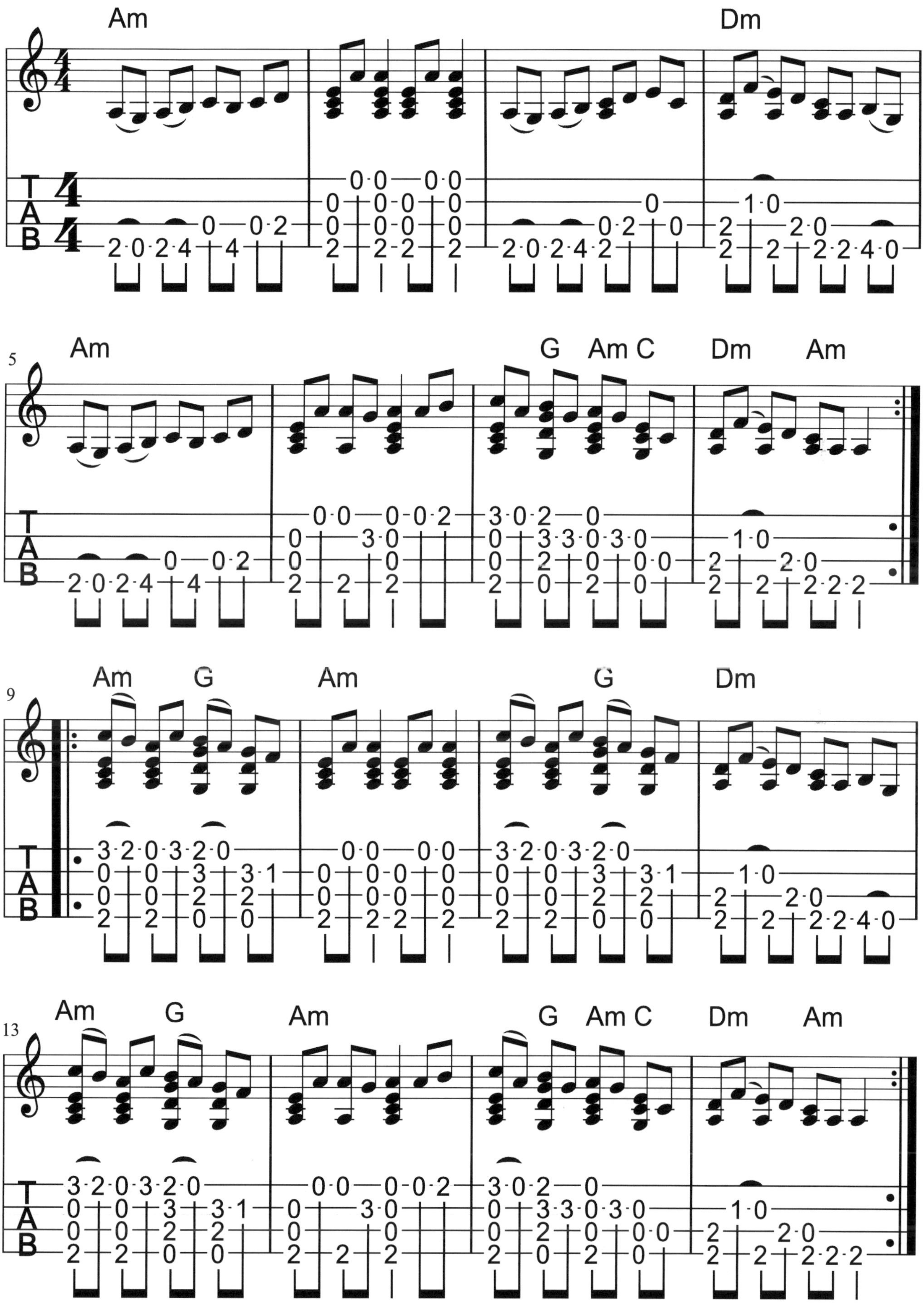

11. Dever the Dancer

Irish Traditional, Bearbeitung: Patrick Steinbach

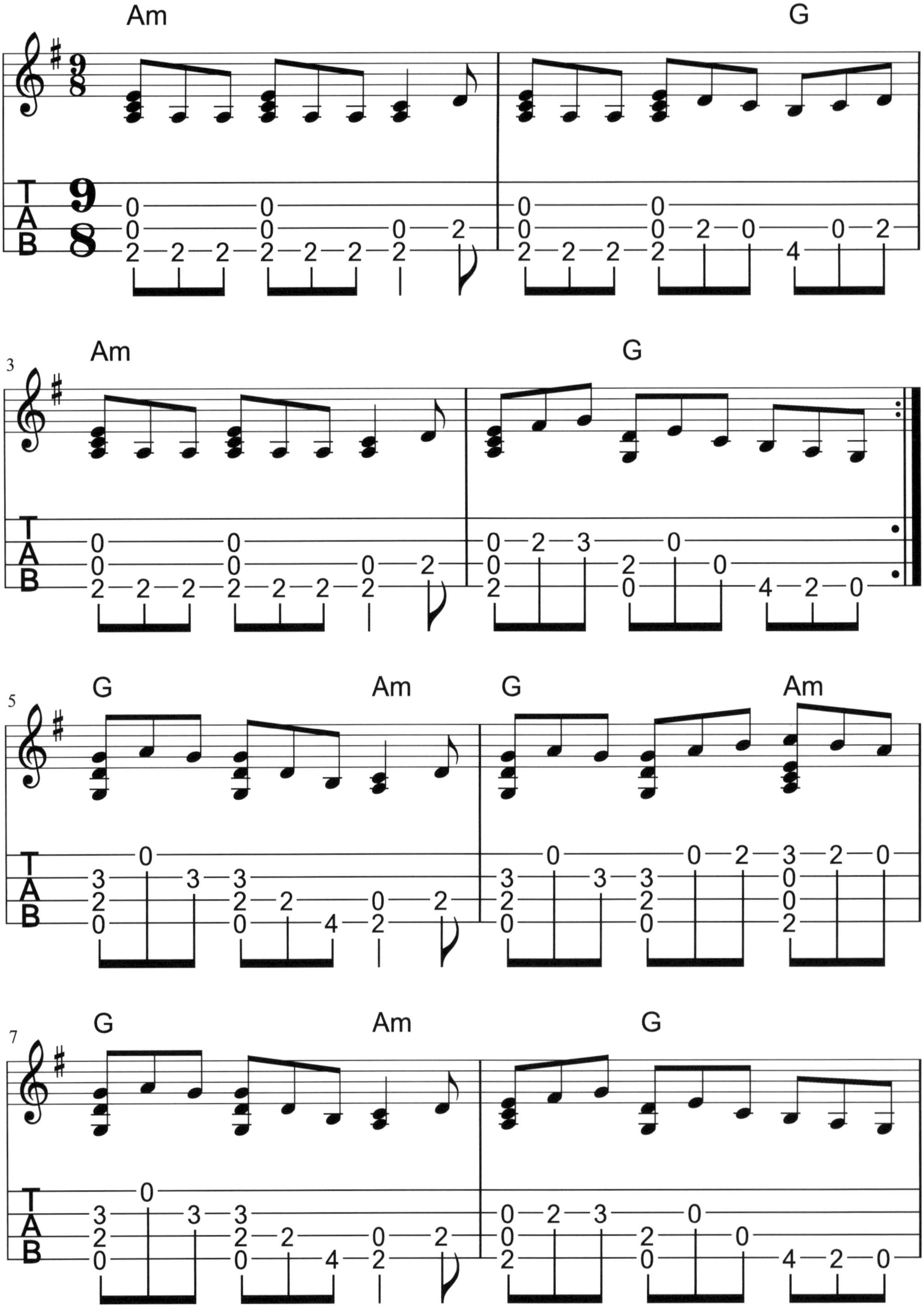

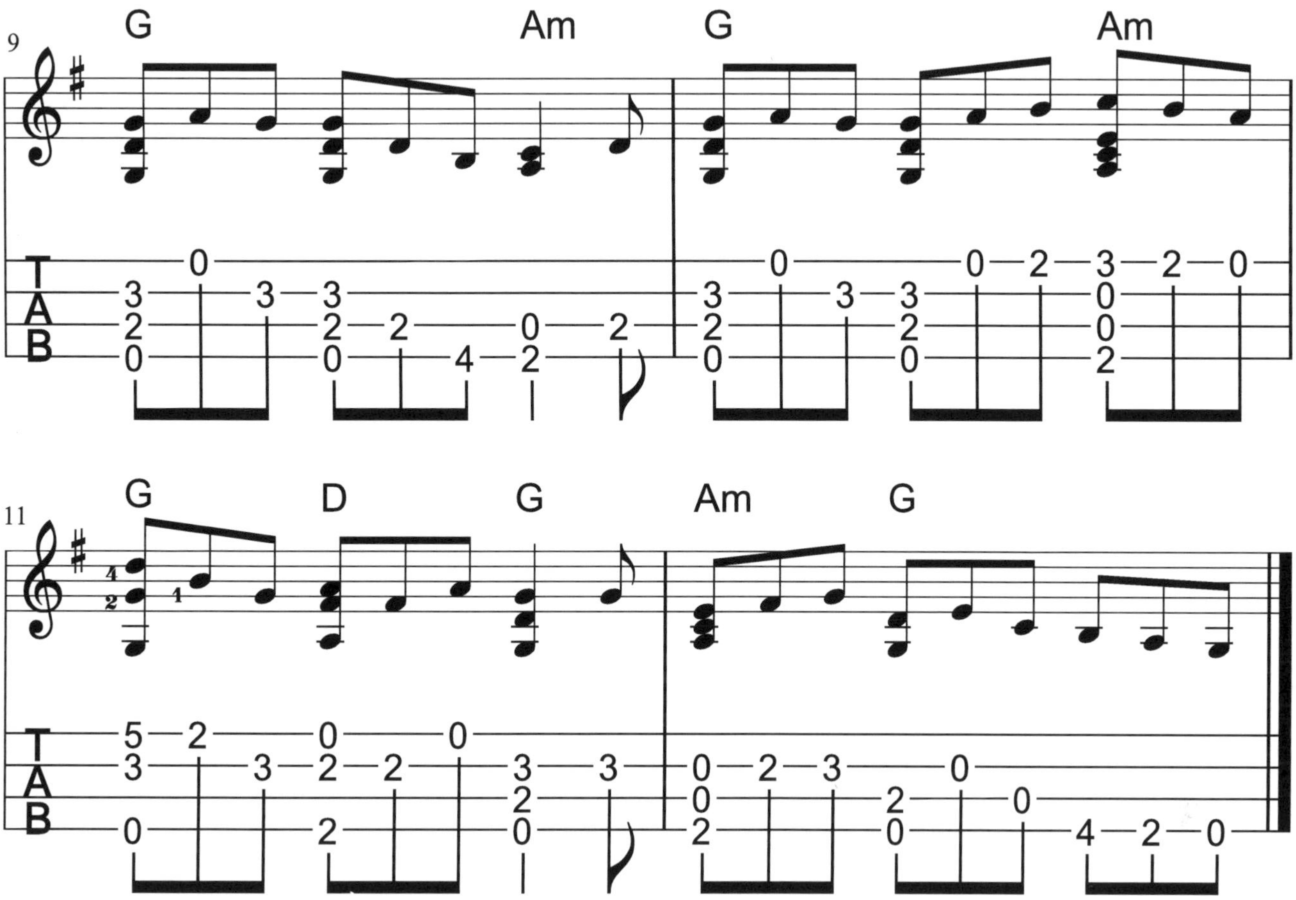
9
G Am G Am
11
G D G Am G

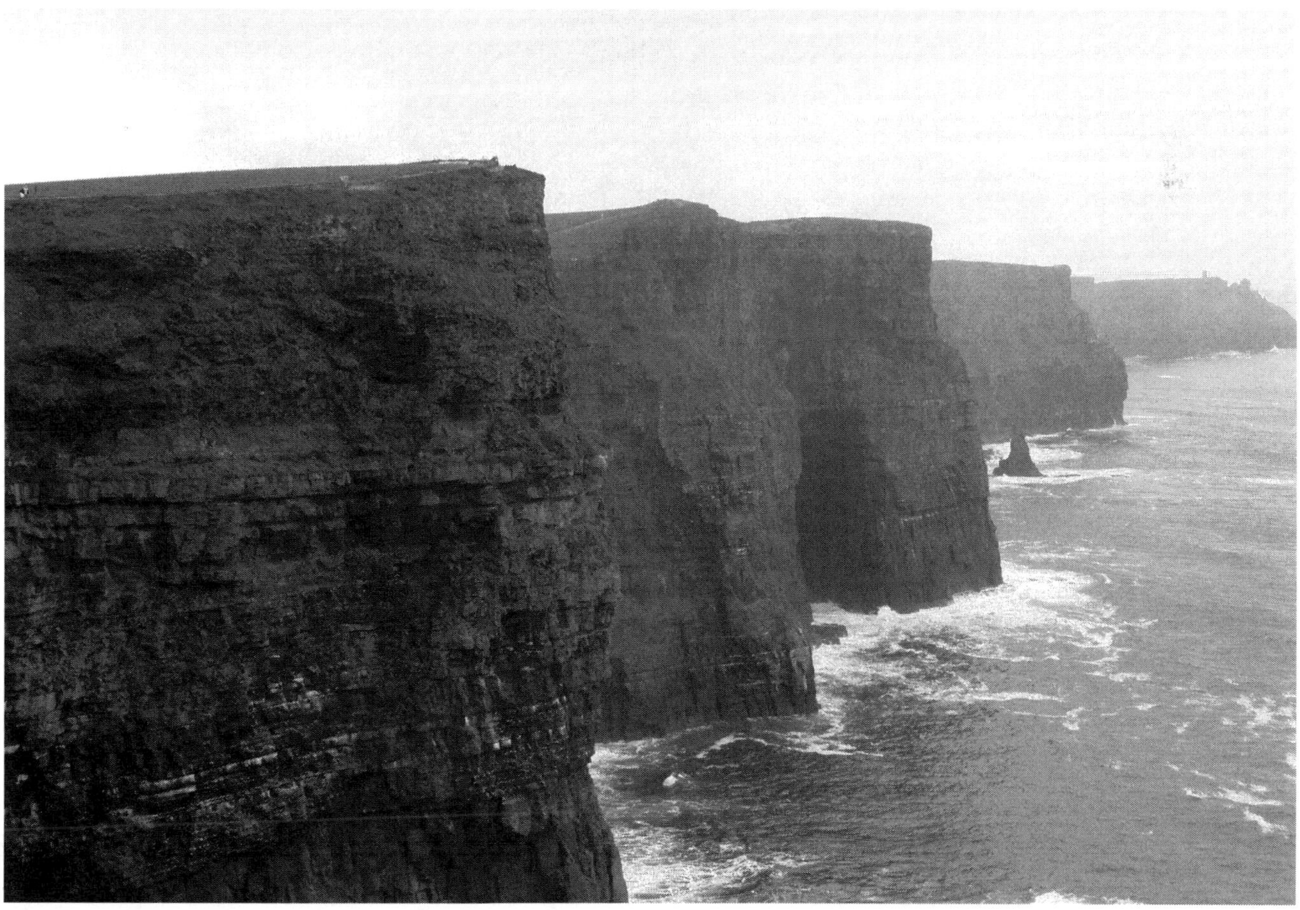

12. Fiddler's Green

Irish Traditional, Bearbeitung: Patrick Steinbach

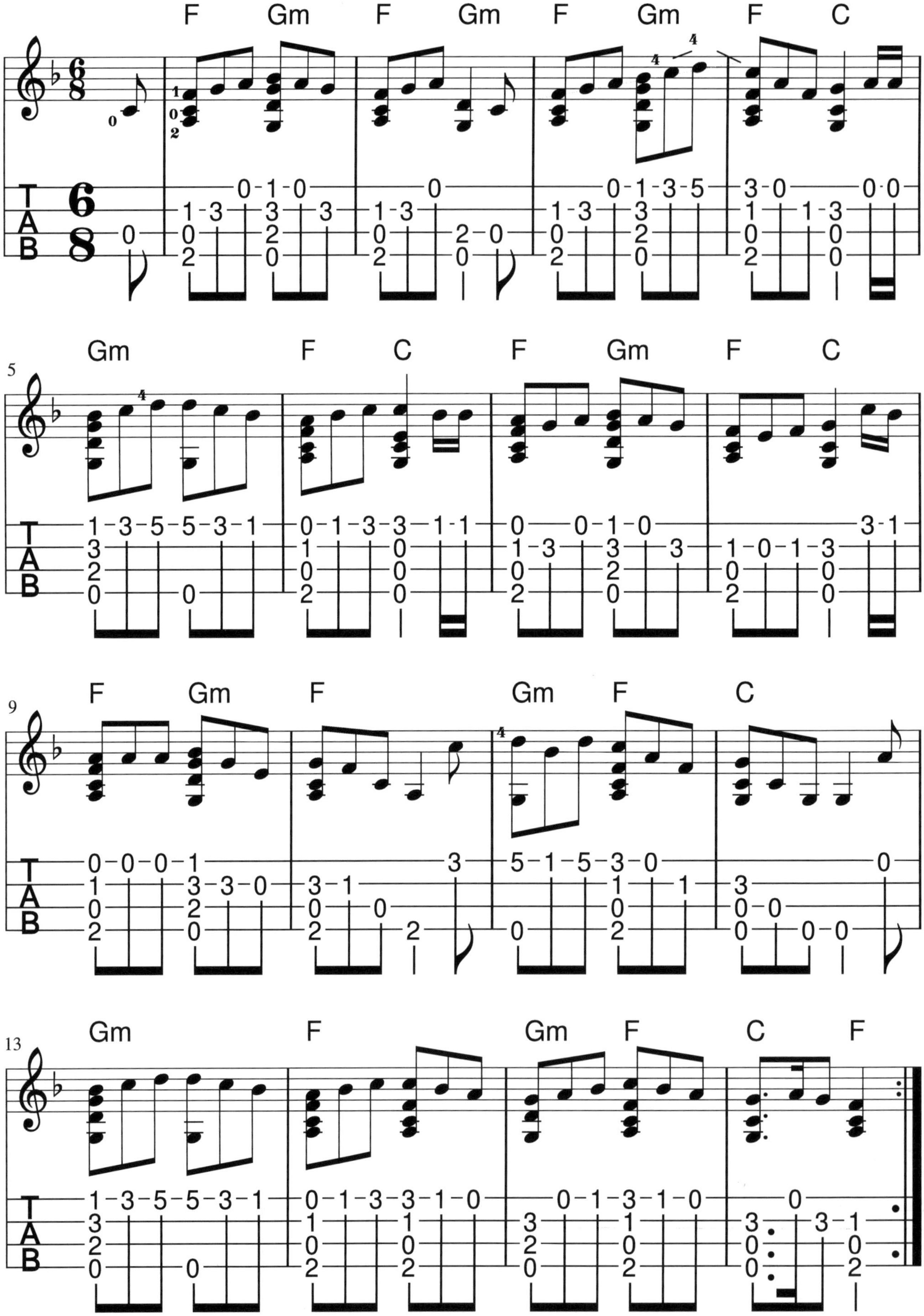

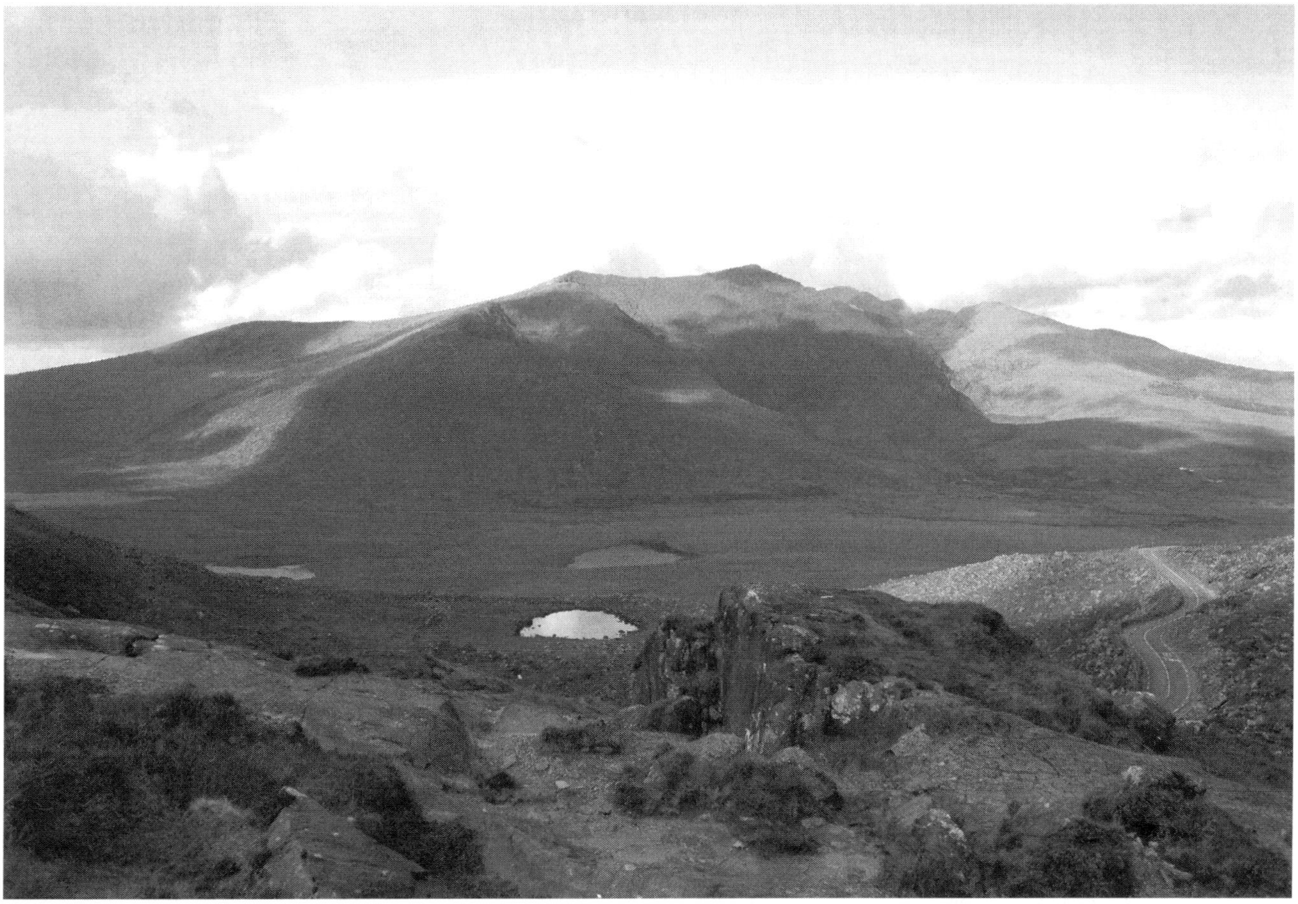

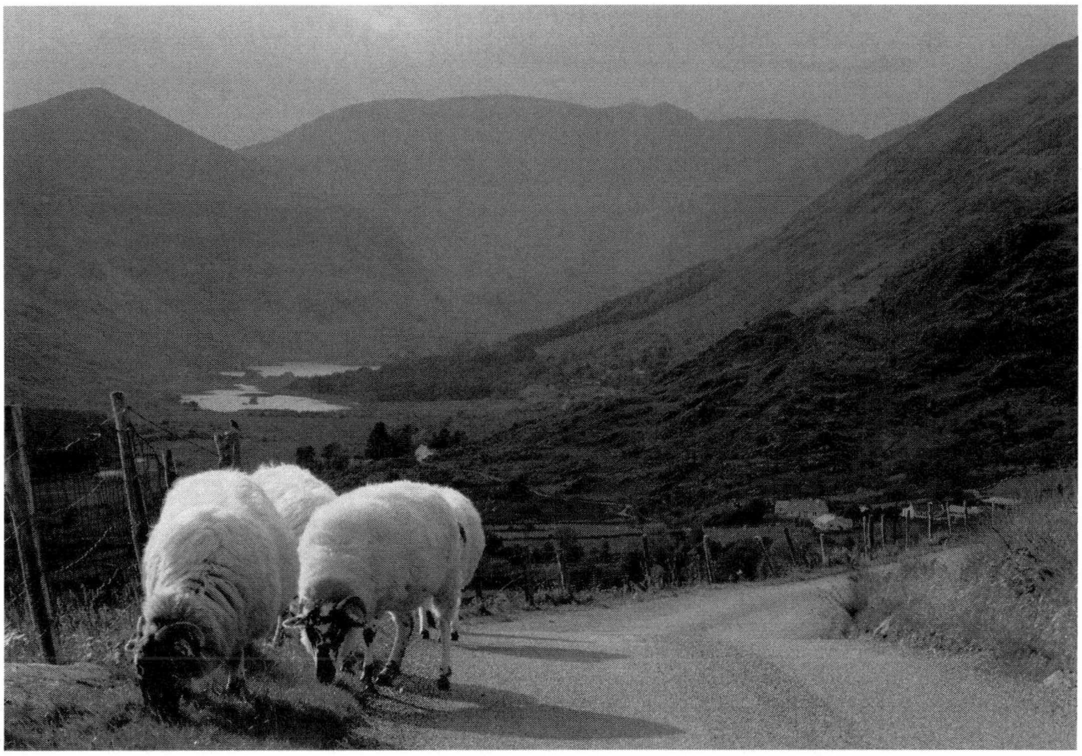

13. Foxhunter

Irish Traditional, Bearbeitung: Patrick Steinbach

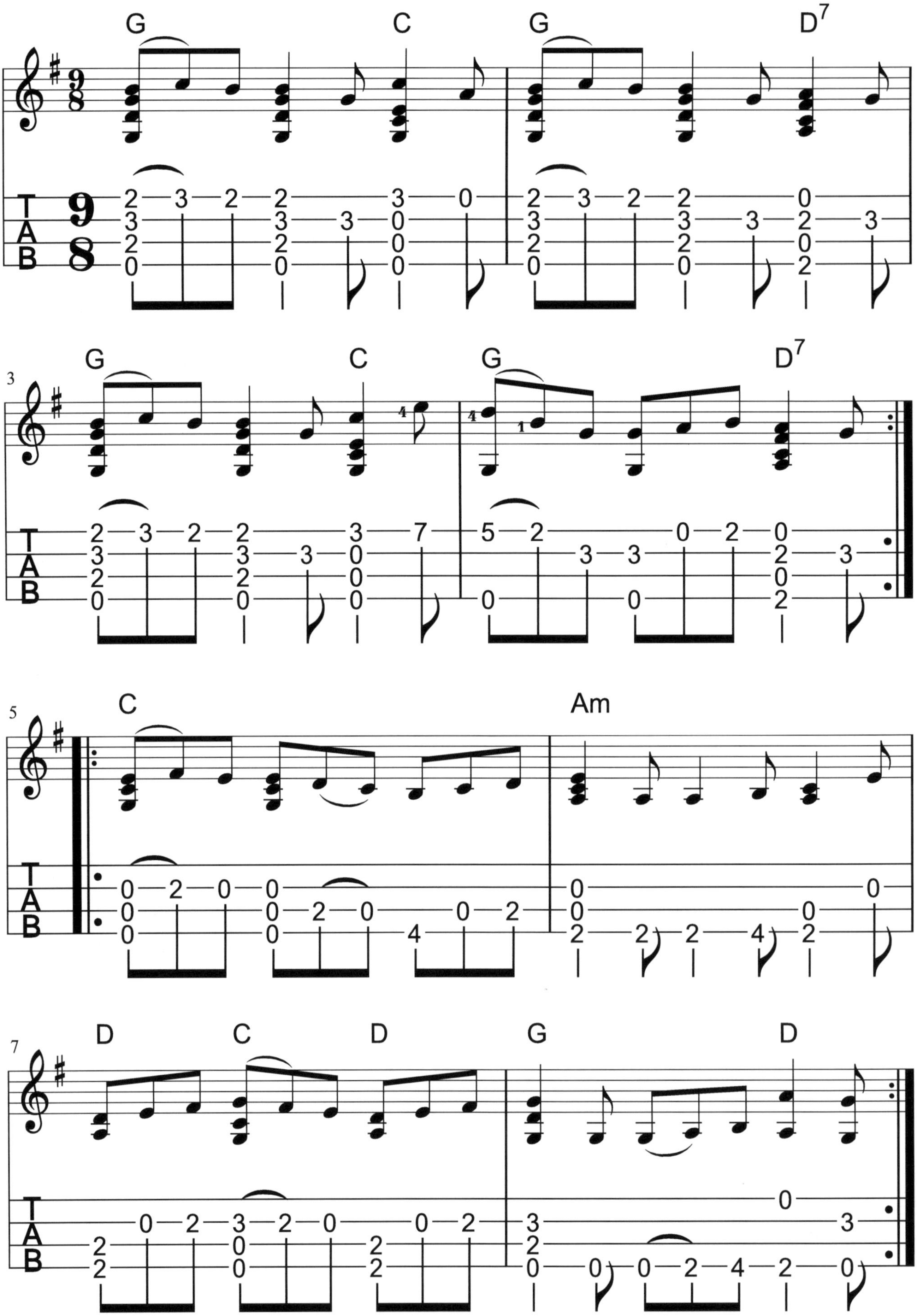

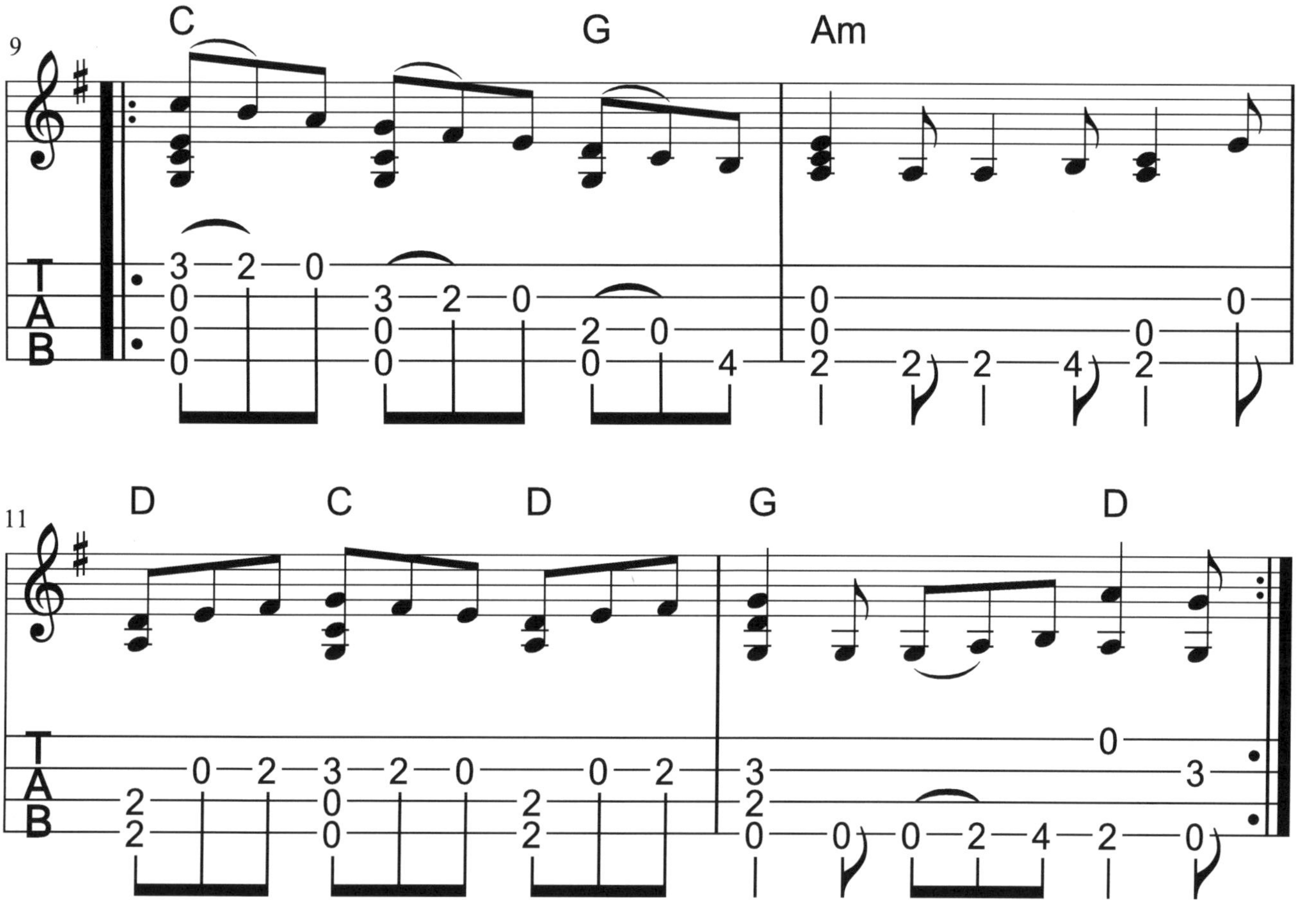
9
C G Am
11
D C D G D

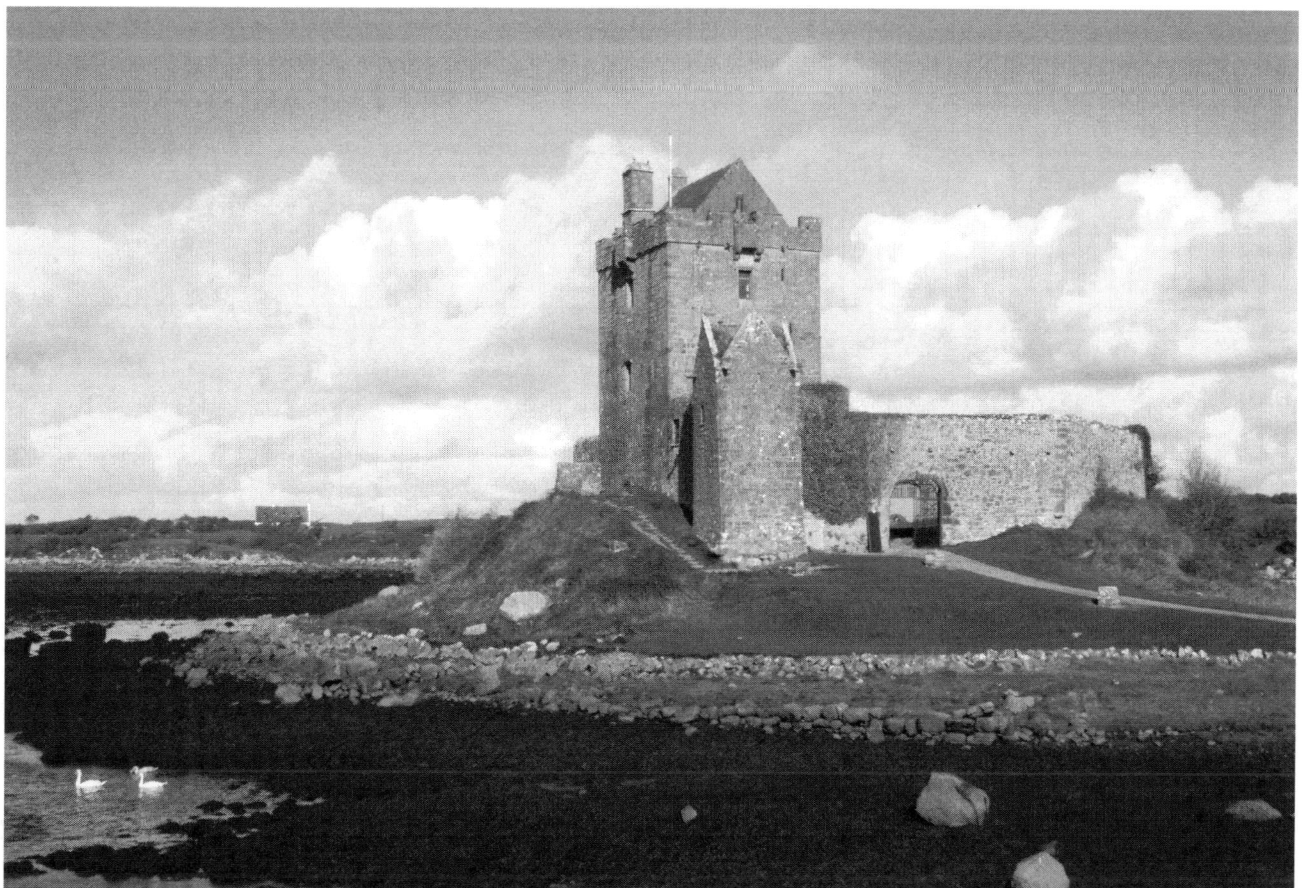

14. Galway Roundabouts

Patrick Steinbach

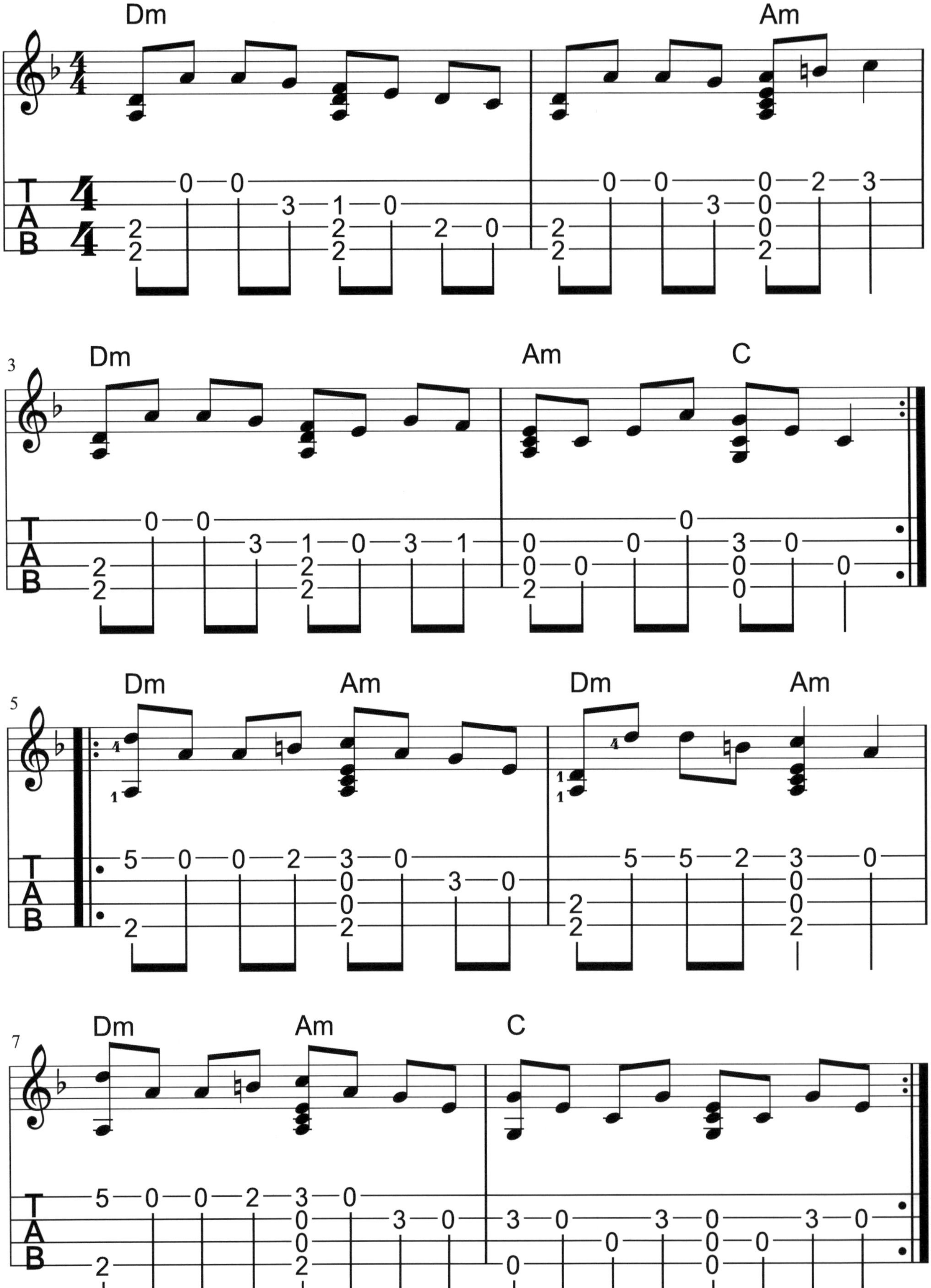

15. Golden Jubilee

Irish Traditional, Bearbeitung: Patrick Steinbach

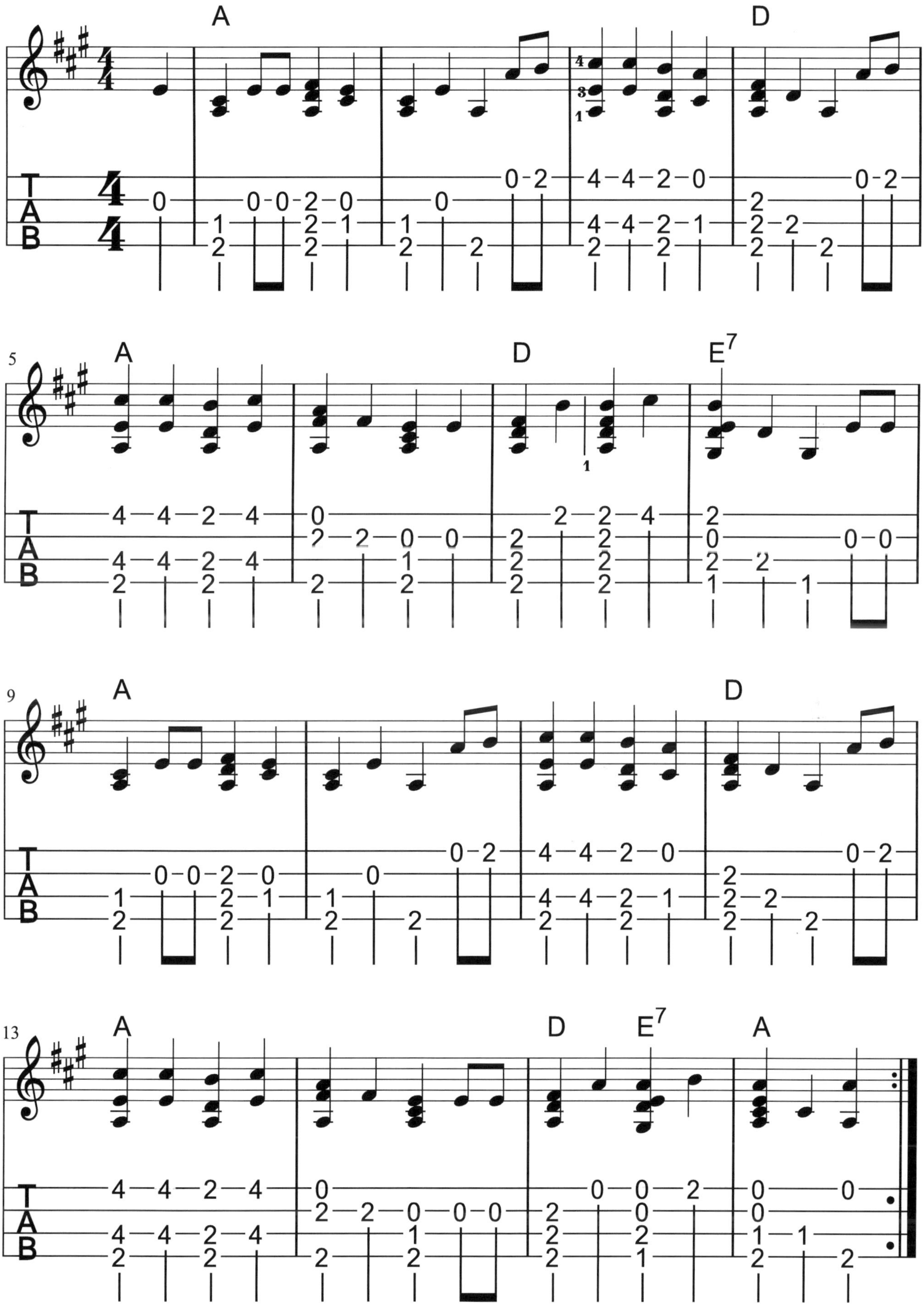

16. Give Me Your Hand

Rory Dall O'Cahan, Bearbeitung: Patrick Steinbach

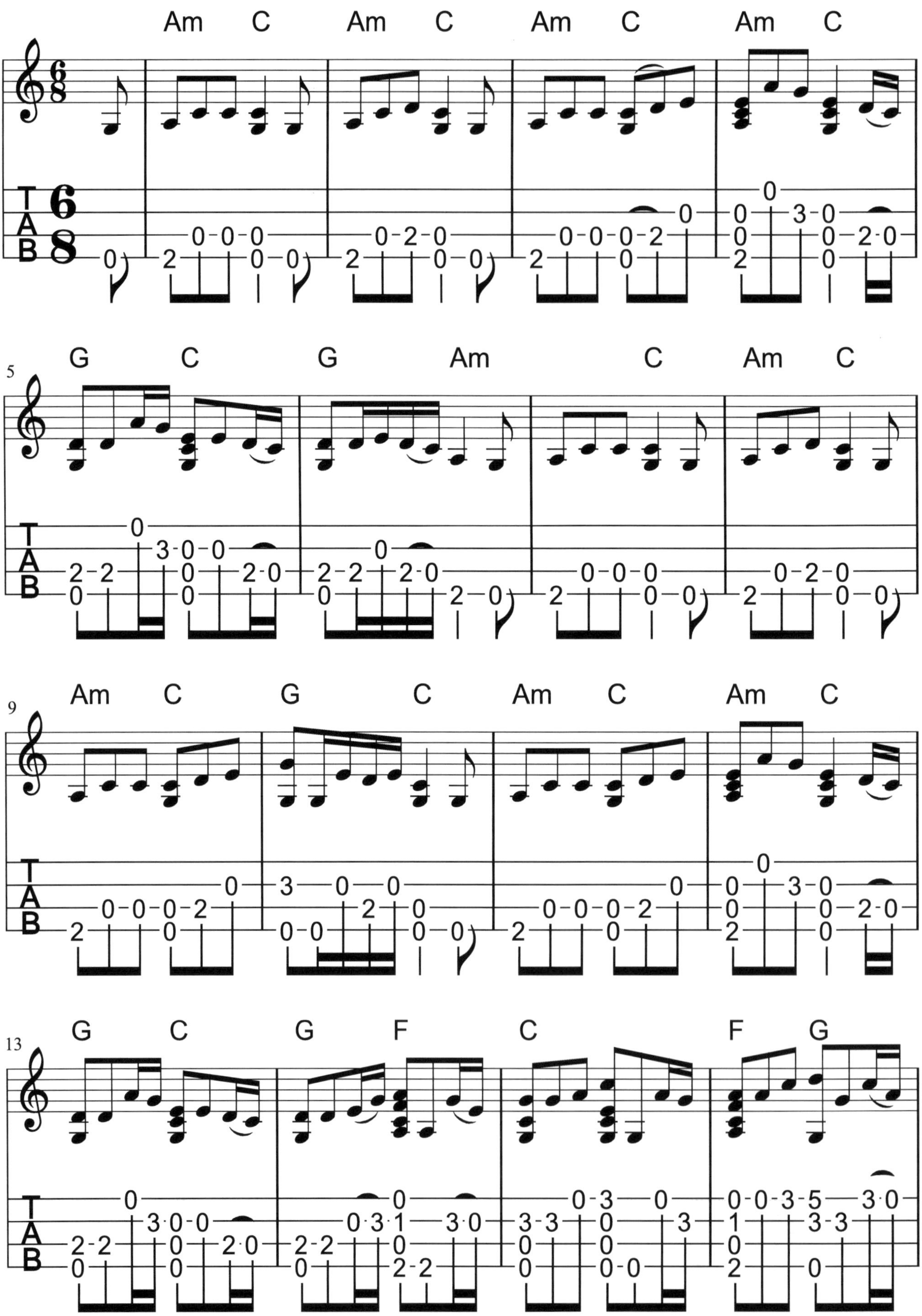

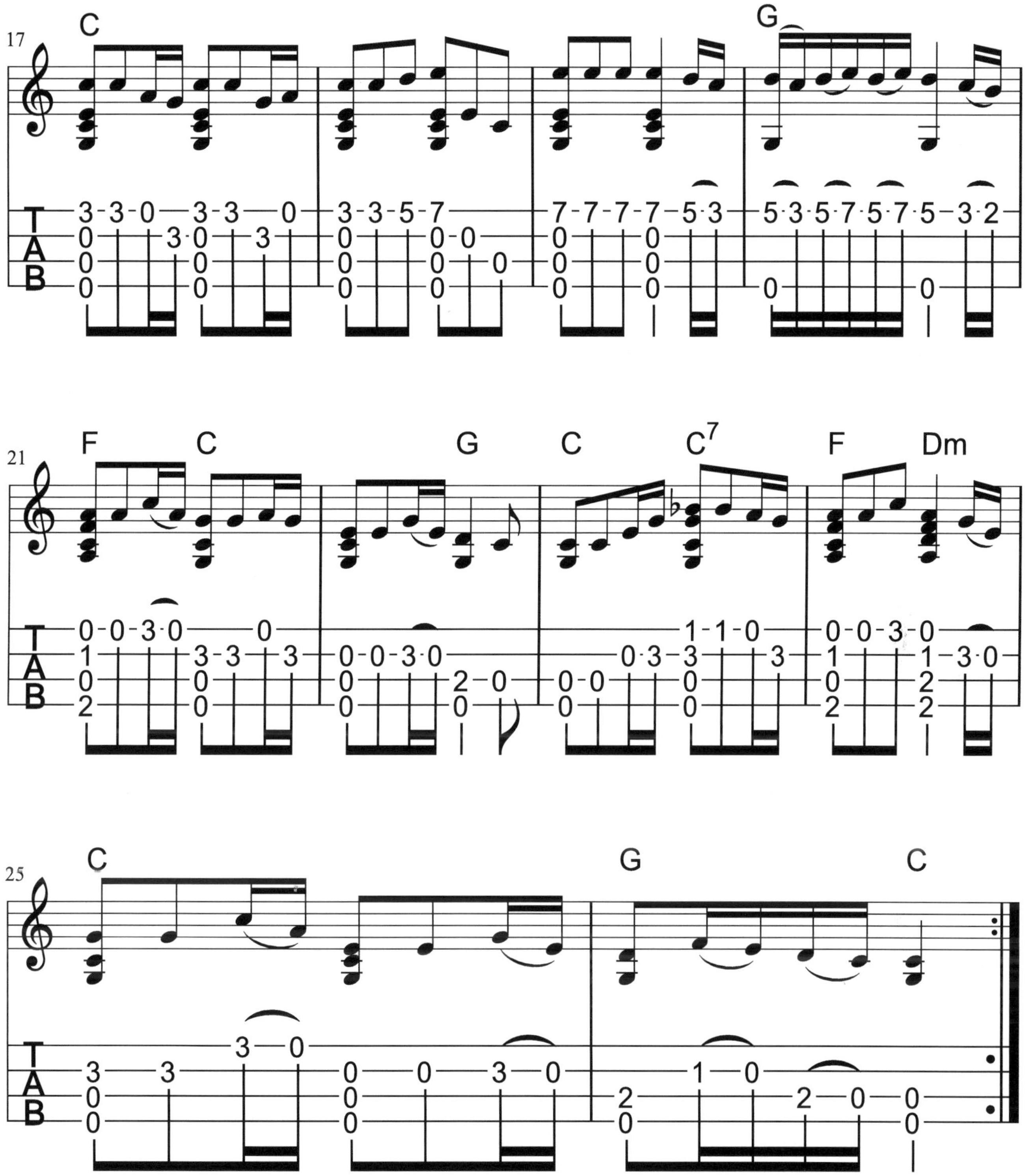
17
C
G
21
F
C
G
C
C7
F
Dm
25
C
G
C

17. Harvest Home

Irish Traditional, Bearbeitung: Patrick Steinbach

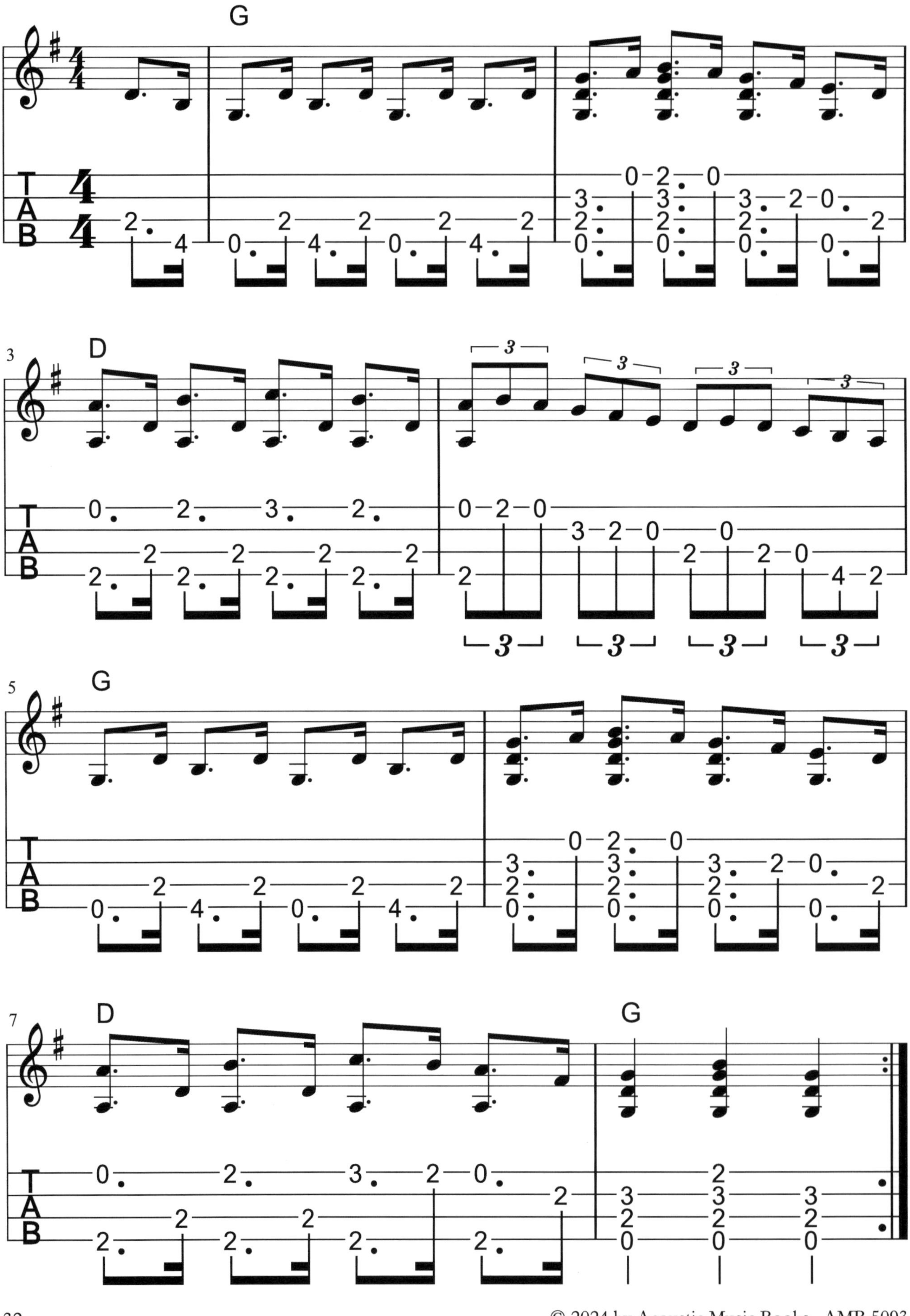

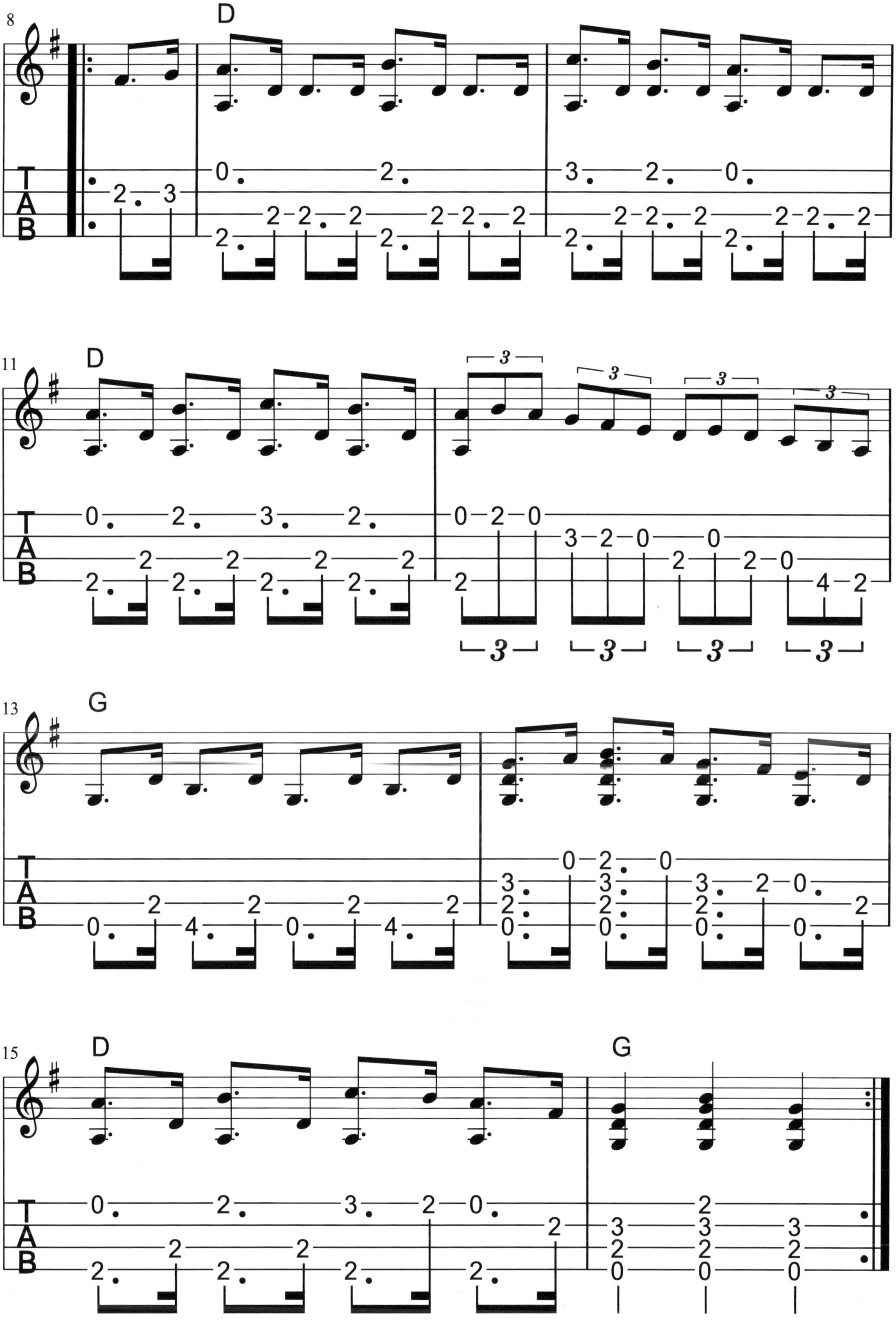
D
D
G
D
G

18. Greenland Whalefisheries

Irish Traditional, Bearbeitung: Patrick Steinbach

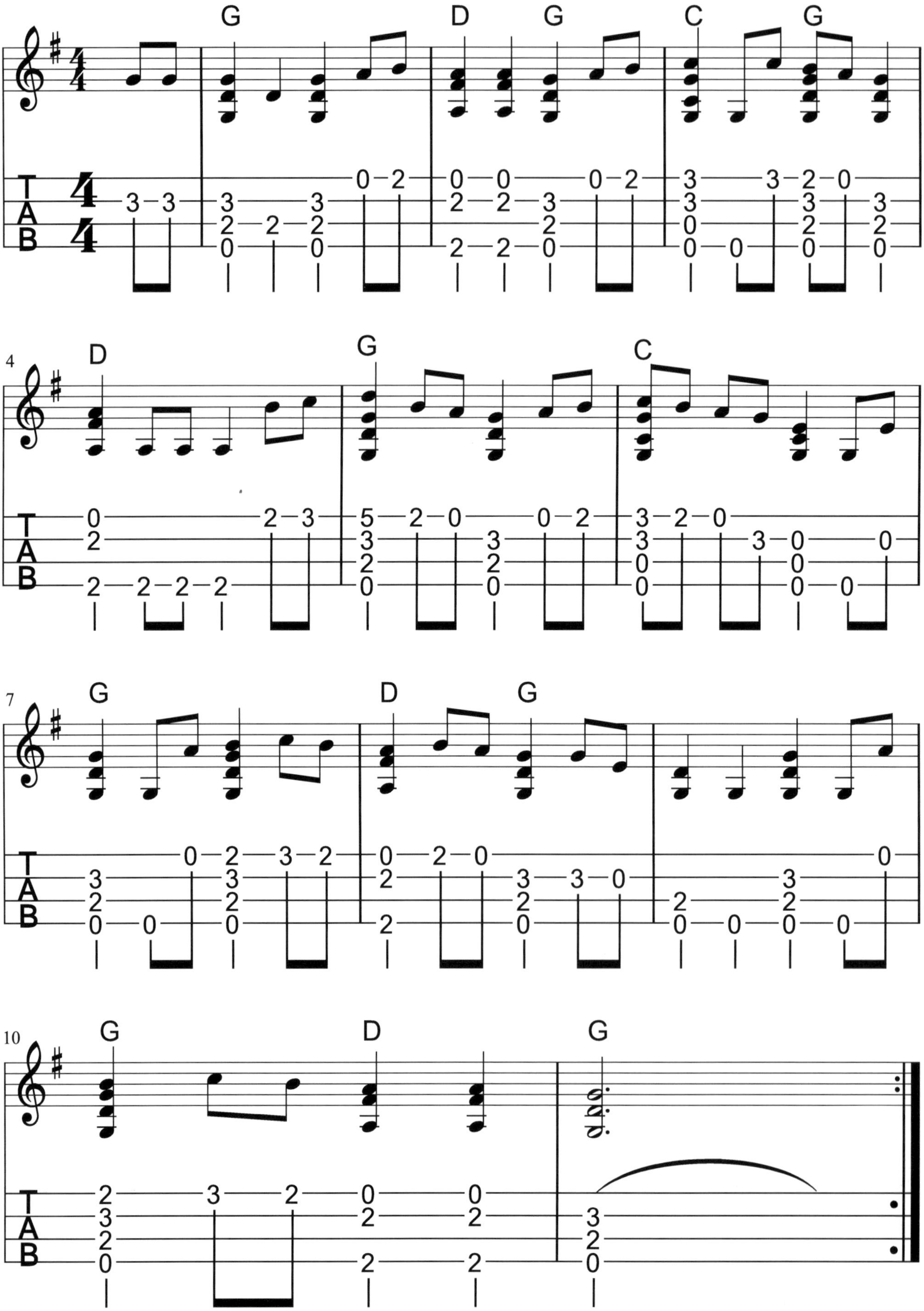

19. Hills of Connemara

Irish Traditional, Bearbeitung: Patrick Steinbach

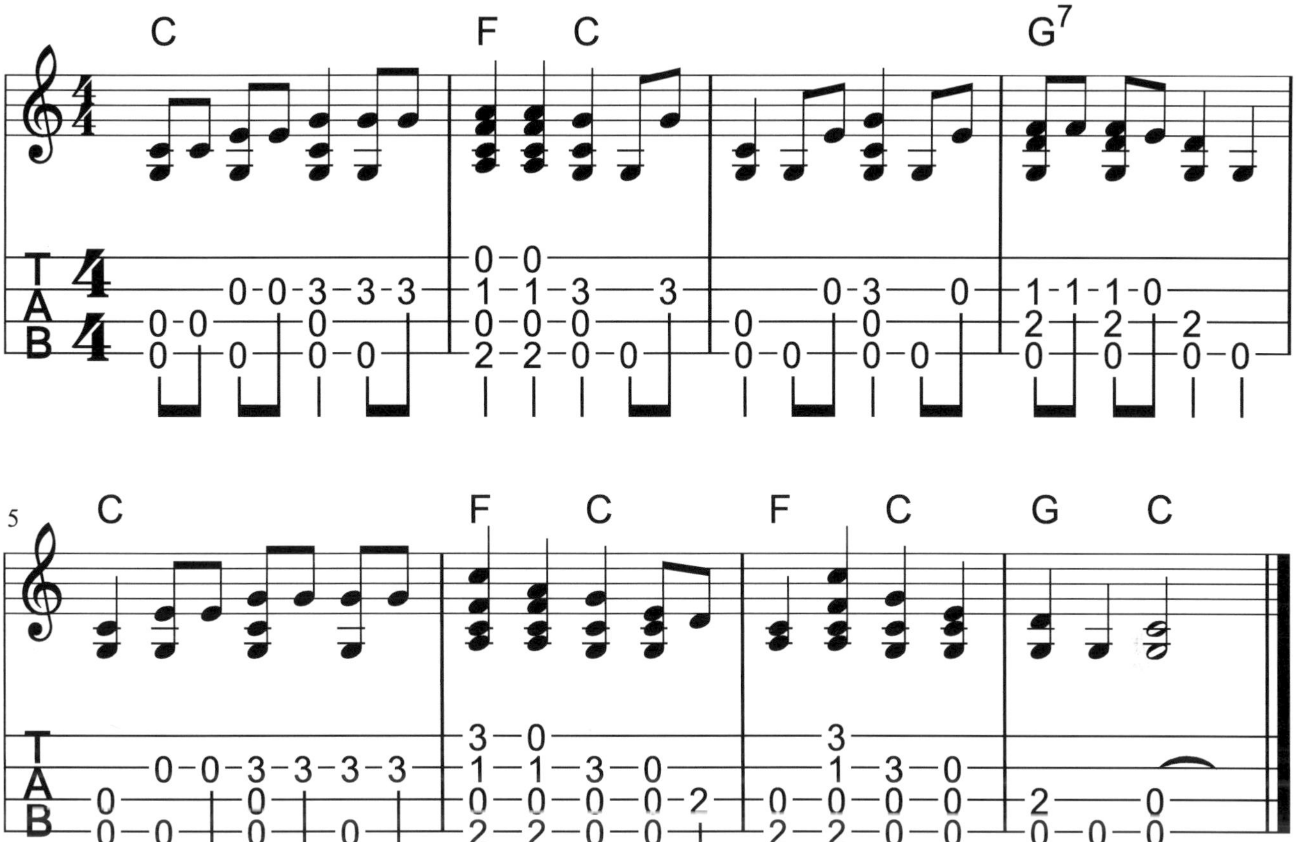

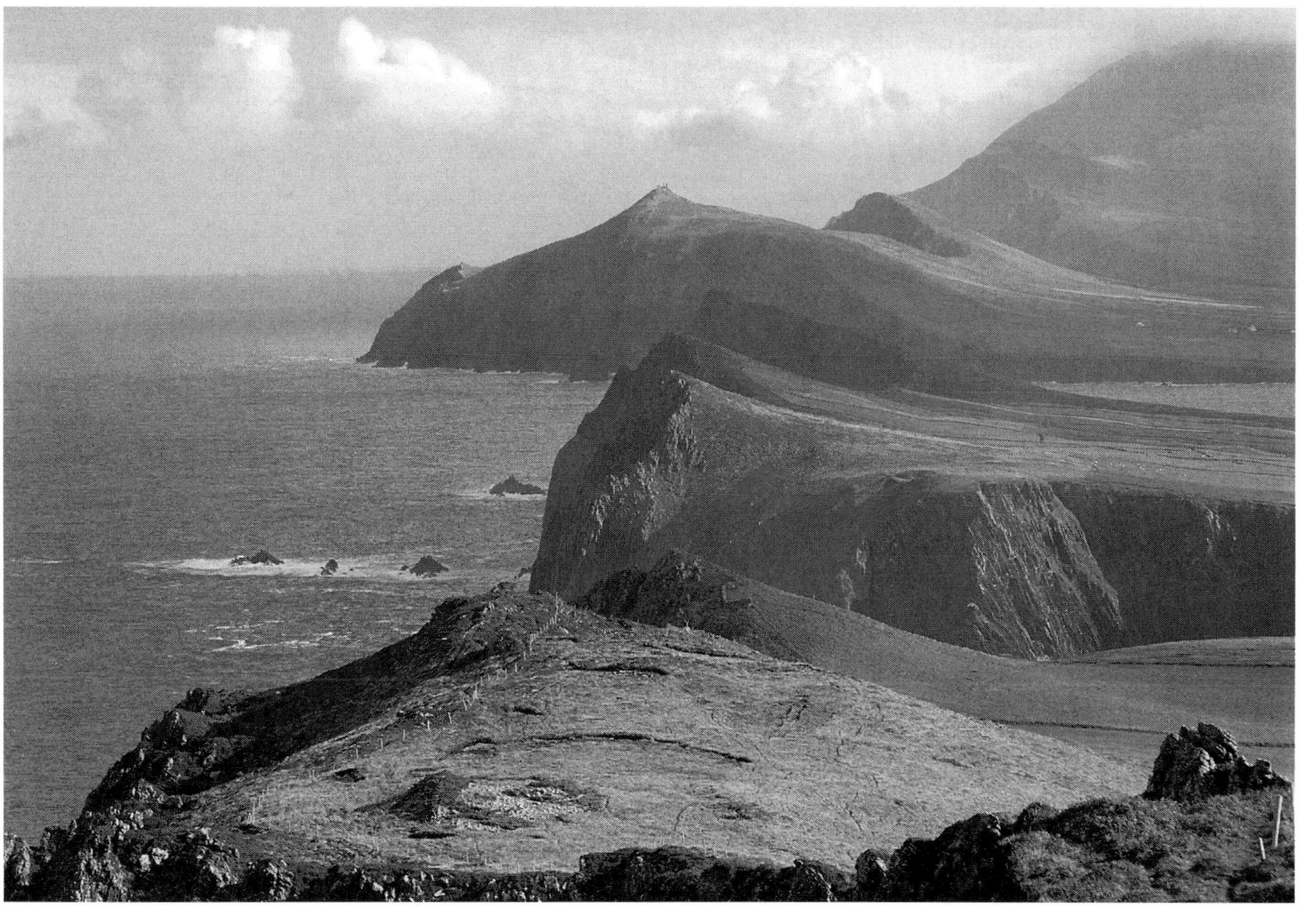

20. In Dublin's Fair City (Molly Malone)

Irish Traditional, Bearbeitung: Patrick Steinbach

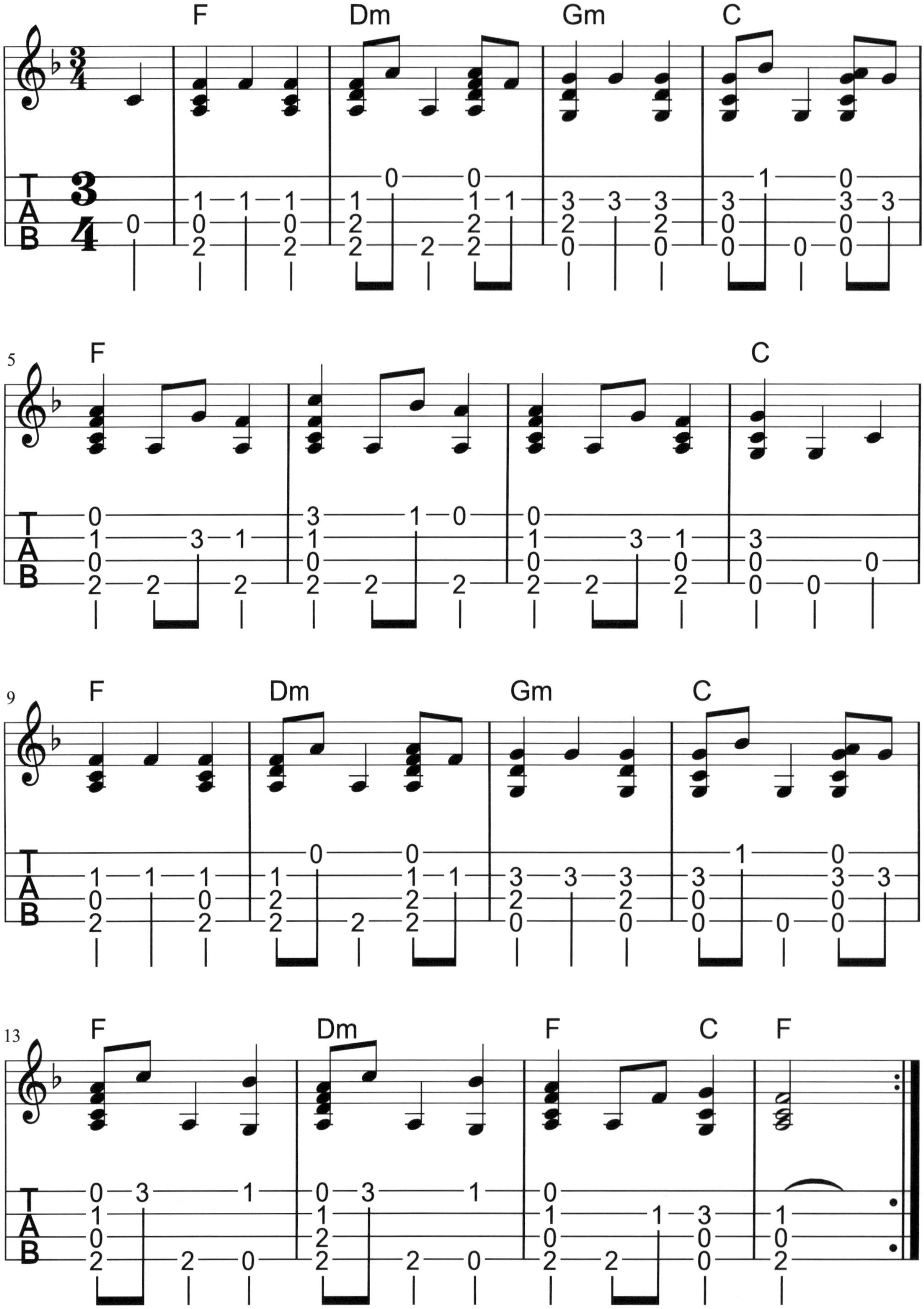

21. Irish Wedding

Irish Traditional, Bearbeitung: Patrick Steinbach

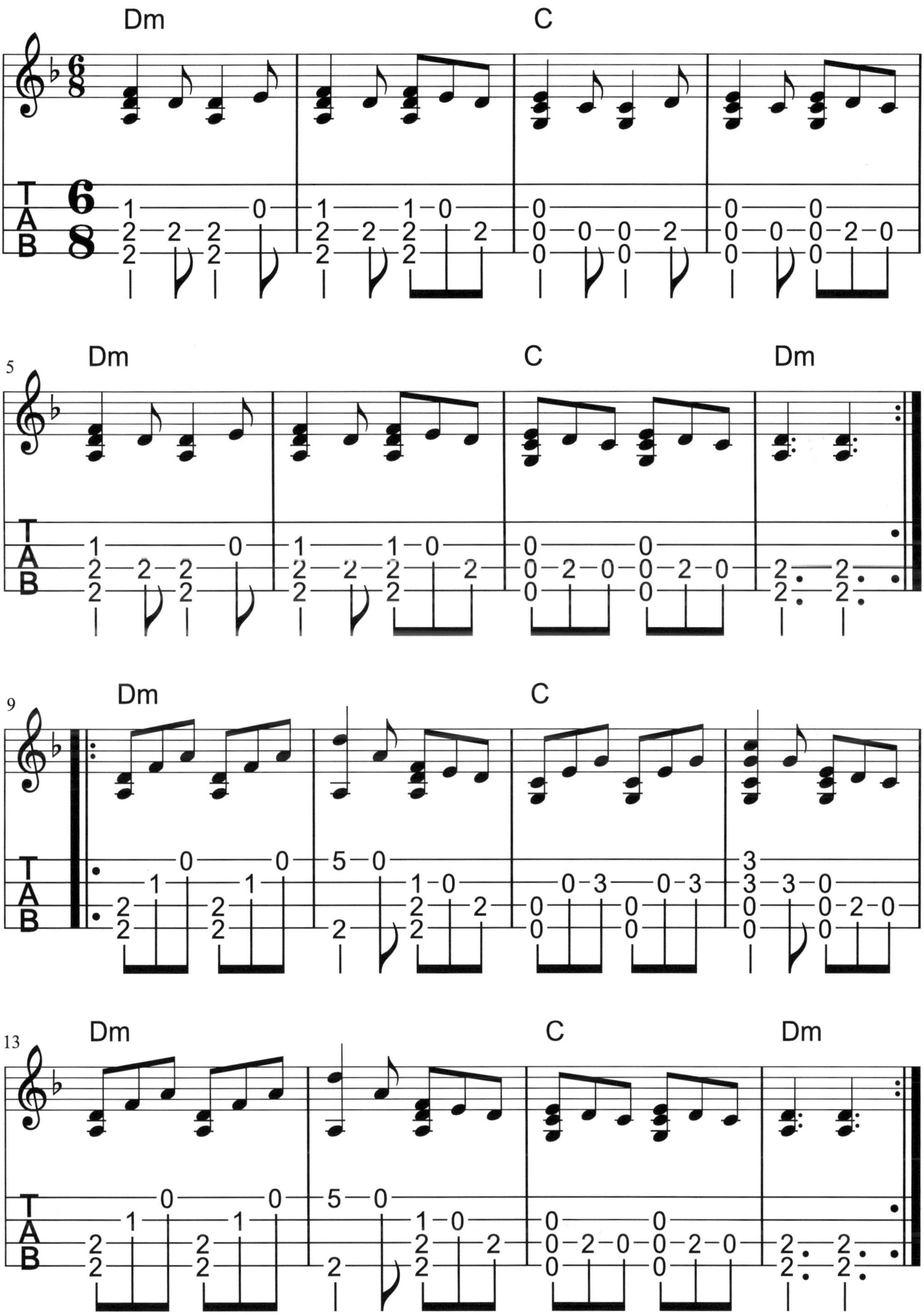

22. James Connolly

Irish Traditional, Bearbeitung: Patrick Steinbach

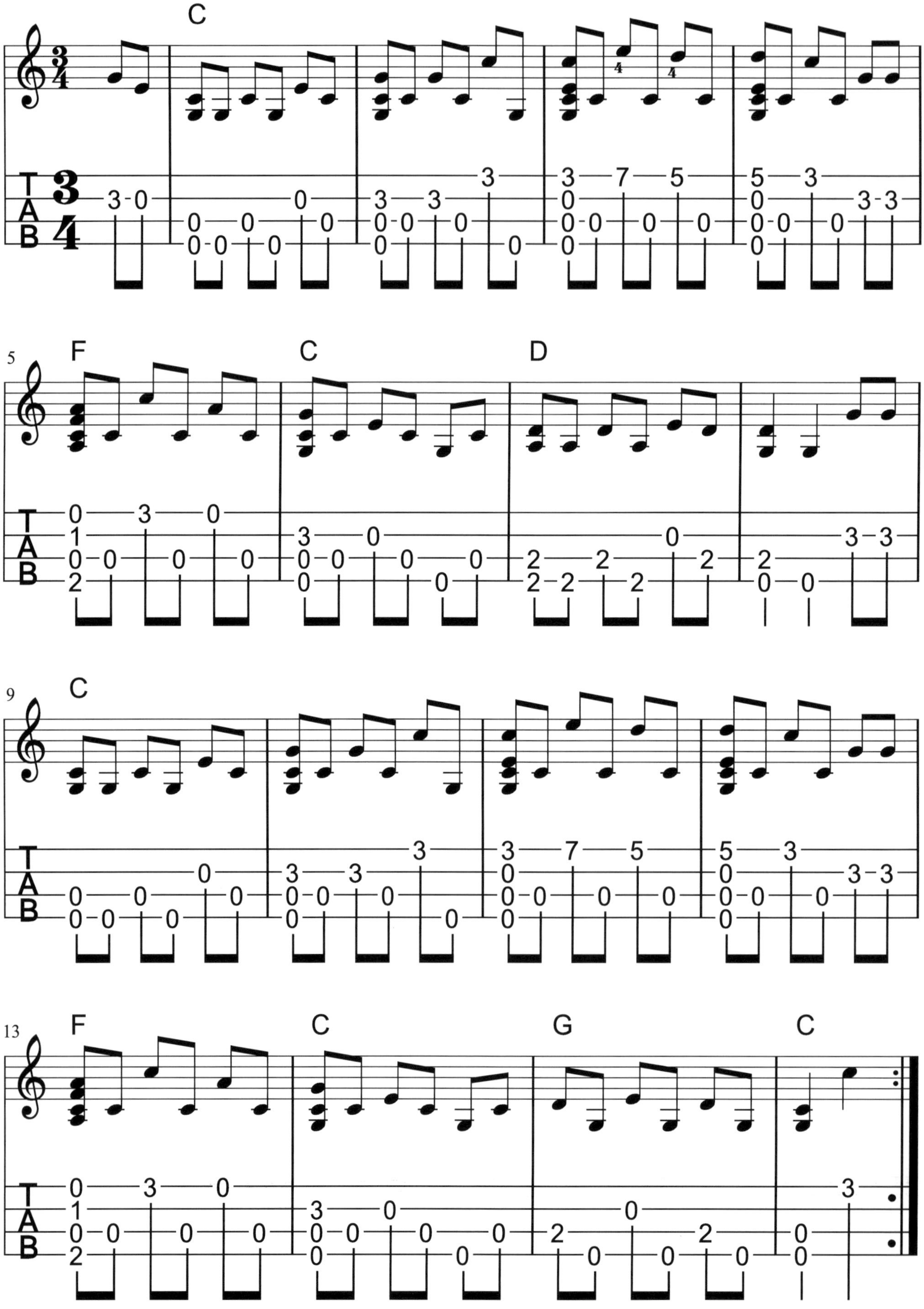

23. Jolly Beggar

Irish Traditional, Bearbeitung: Patrick Steinbach

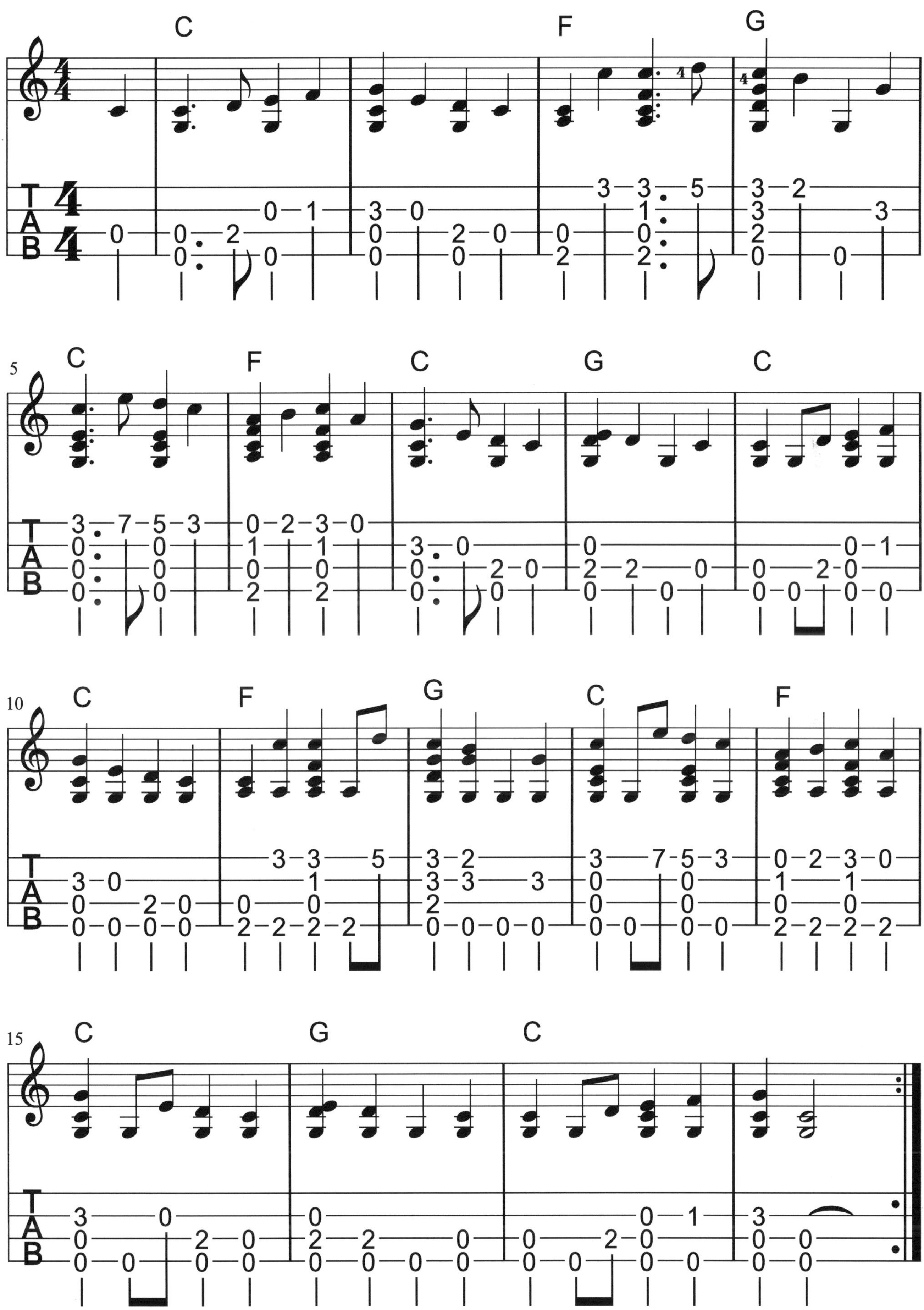

24. Kildare Fancy

Irish Traditional, Bearbeitung: Patrick Steinbach

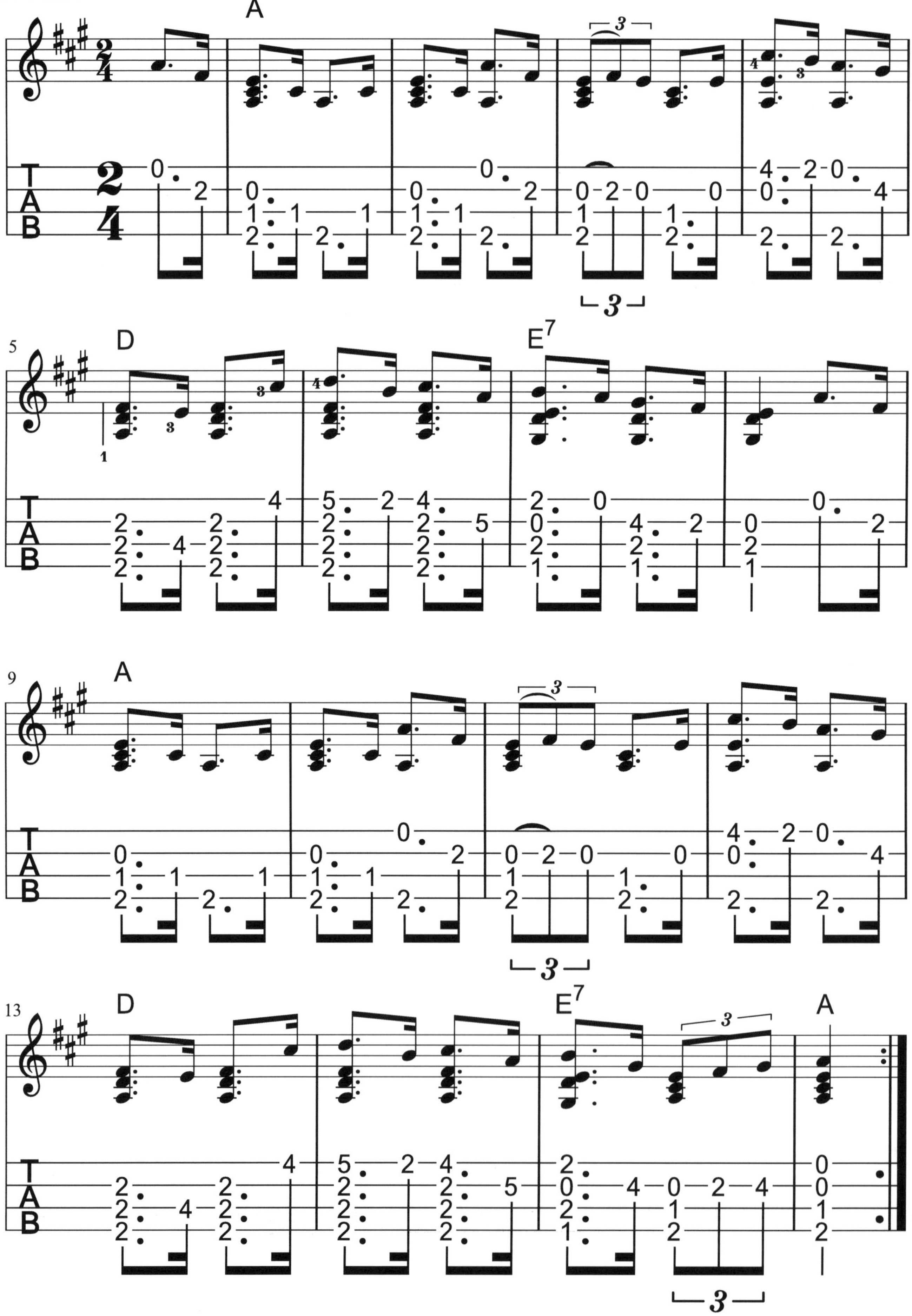

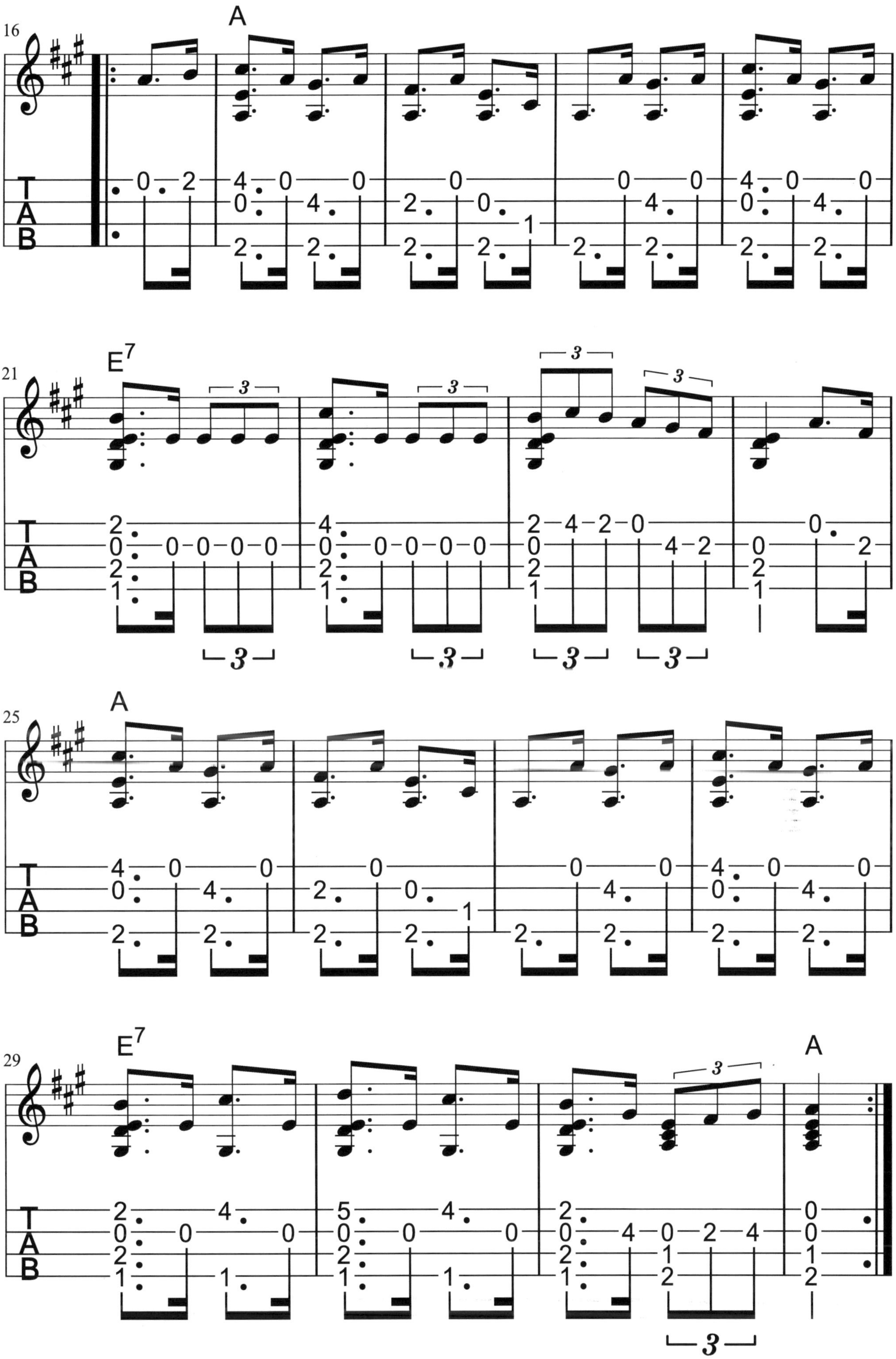

16
A
21
E7
25
A
29
E7
A

25. Kerry Polka

Irish Traditional, Bearbeitung: Patrick Steinbach

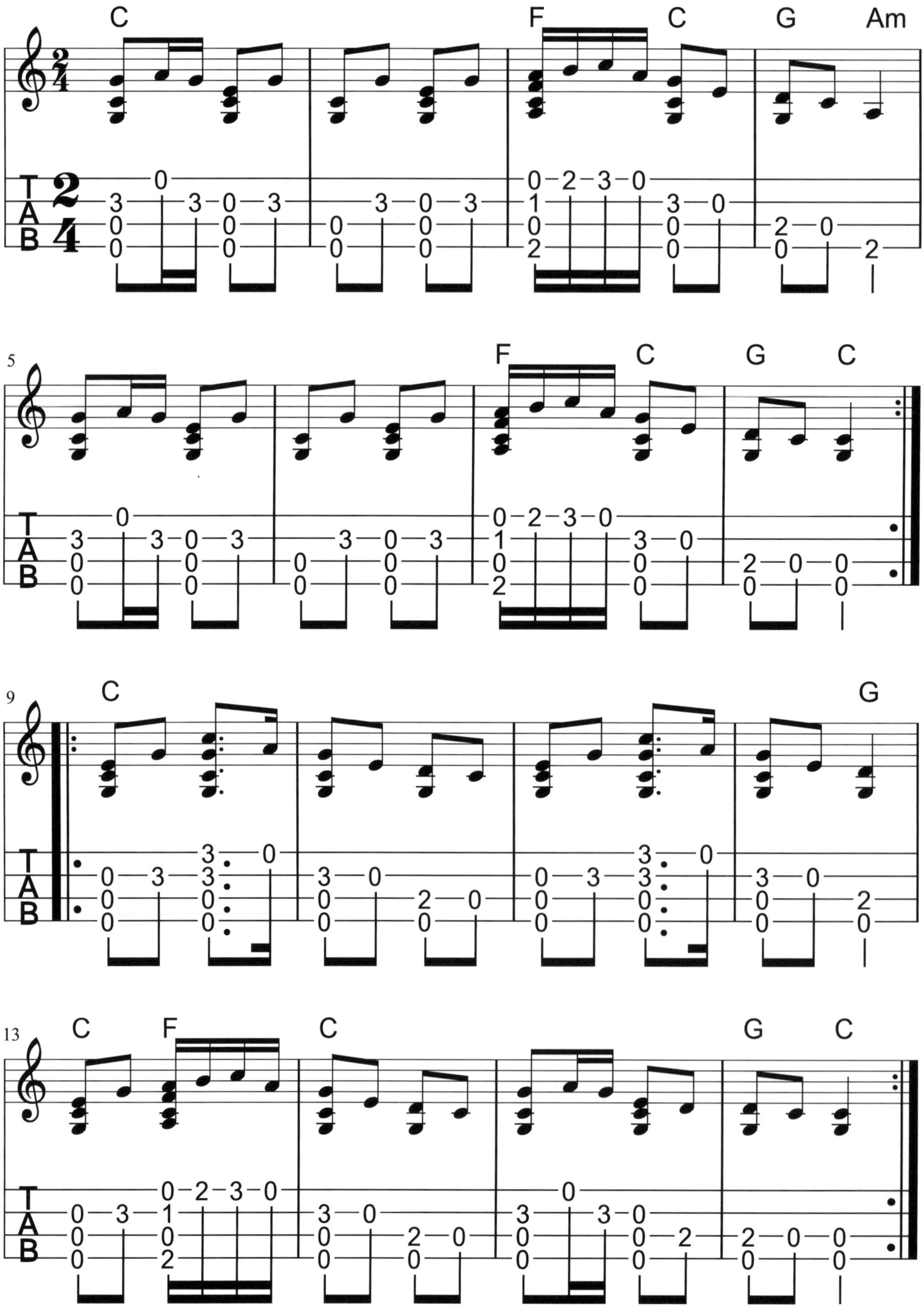

26. Leaving of Liverpool

Irish Traditional, Bearbeitung: Patrick Steinbach

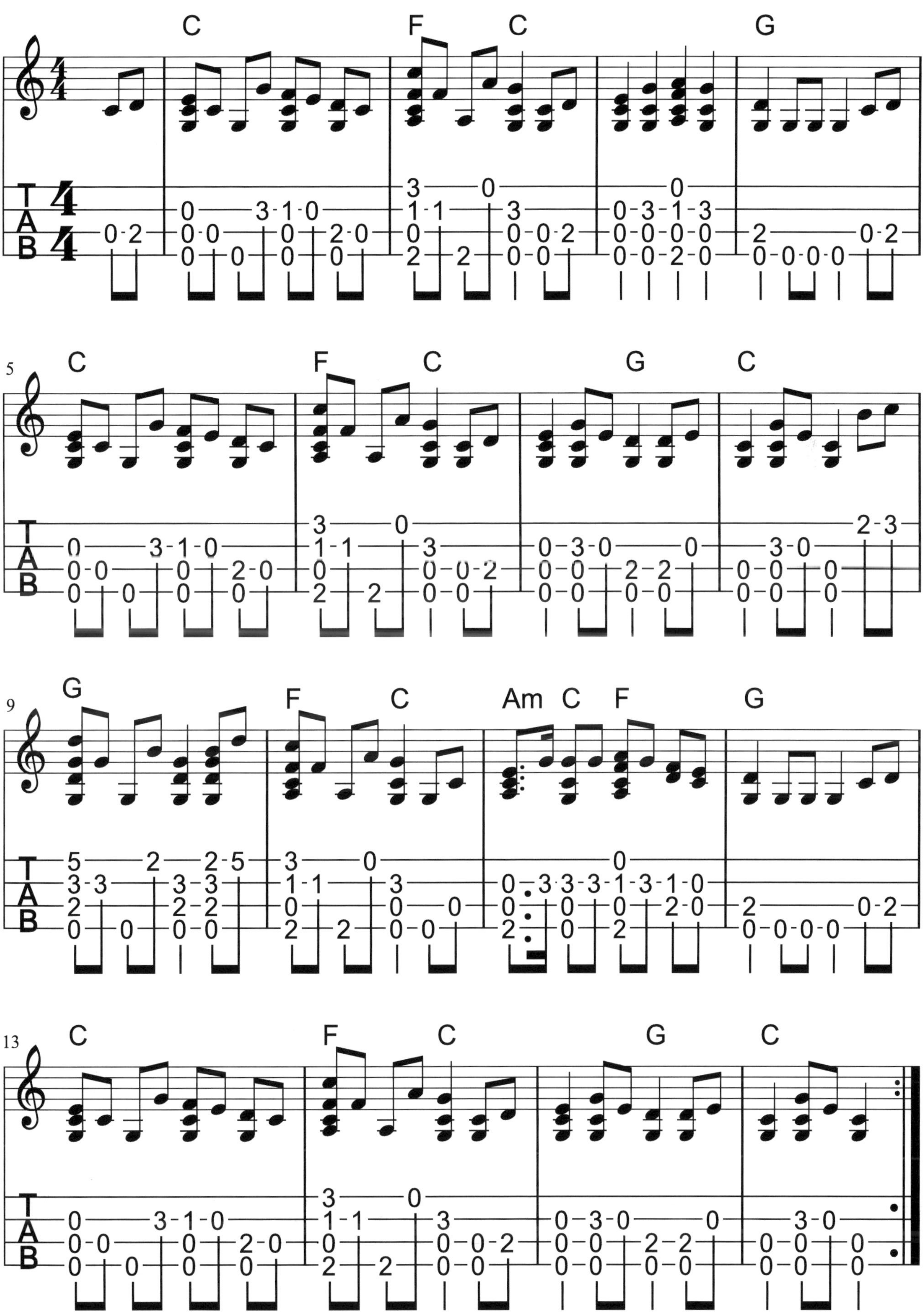

27. Lifeboat Mona

Irish Traditional, Bearbeitung: Patrick Steinbach

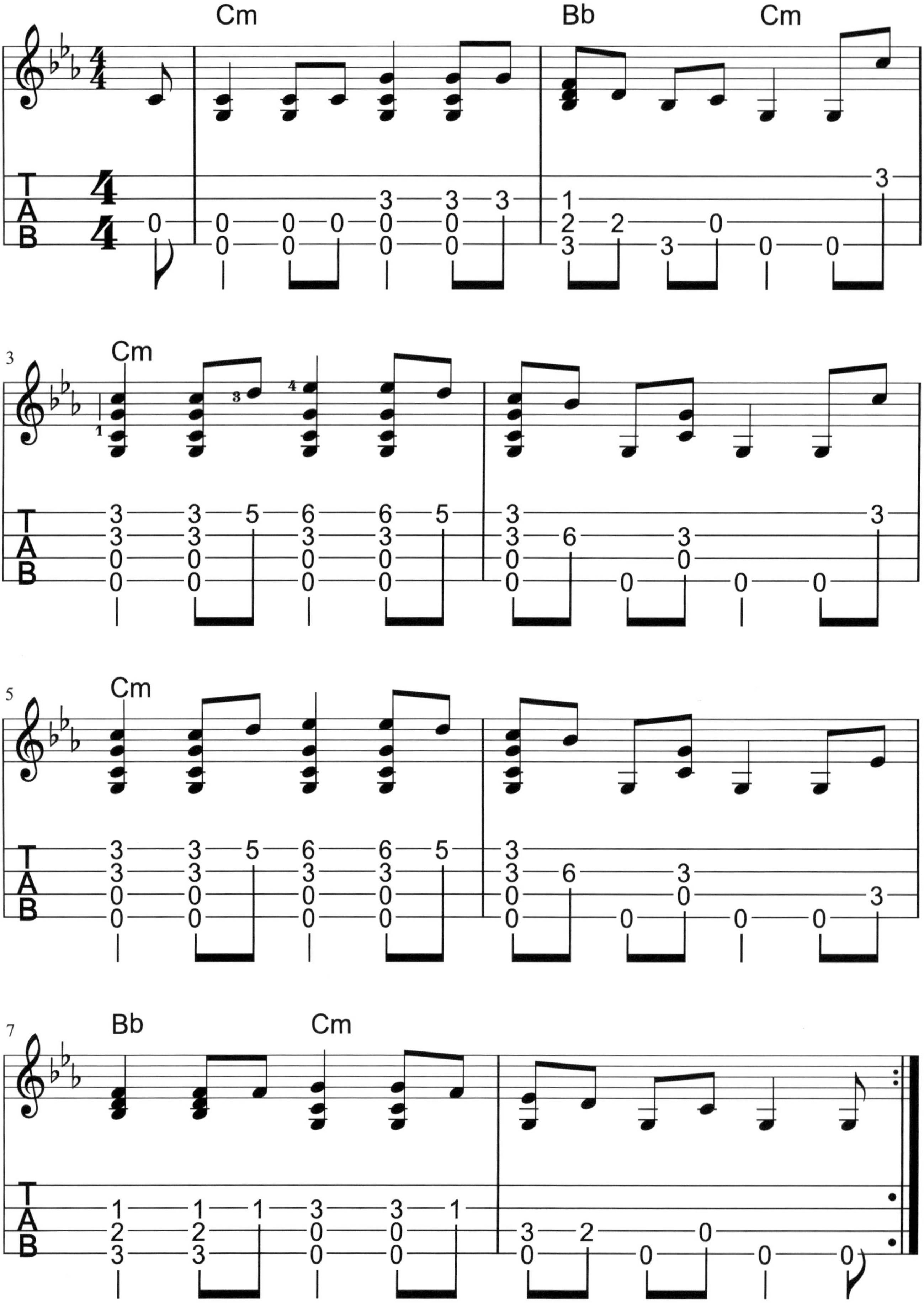

28. Mary's Wedding

Irish Traditional, Bearbeitung: Patrick Steinbach

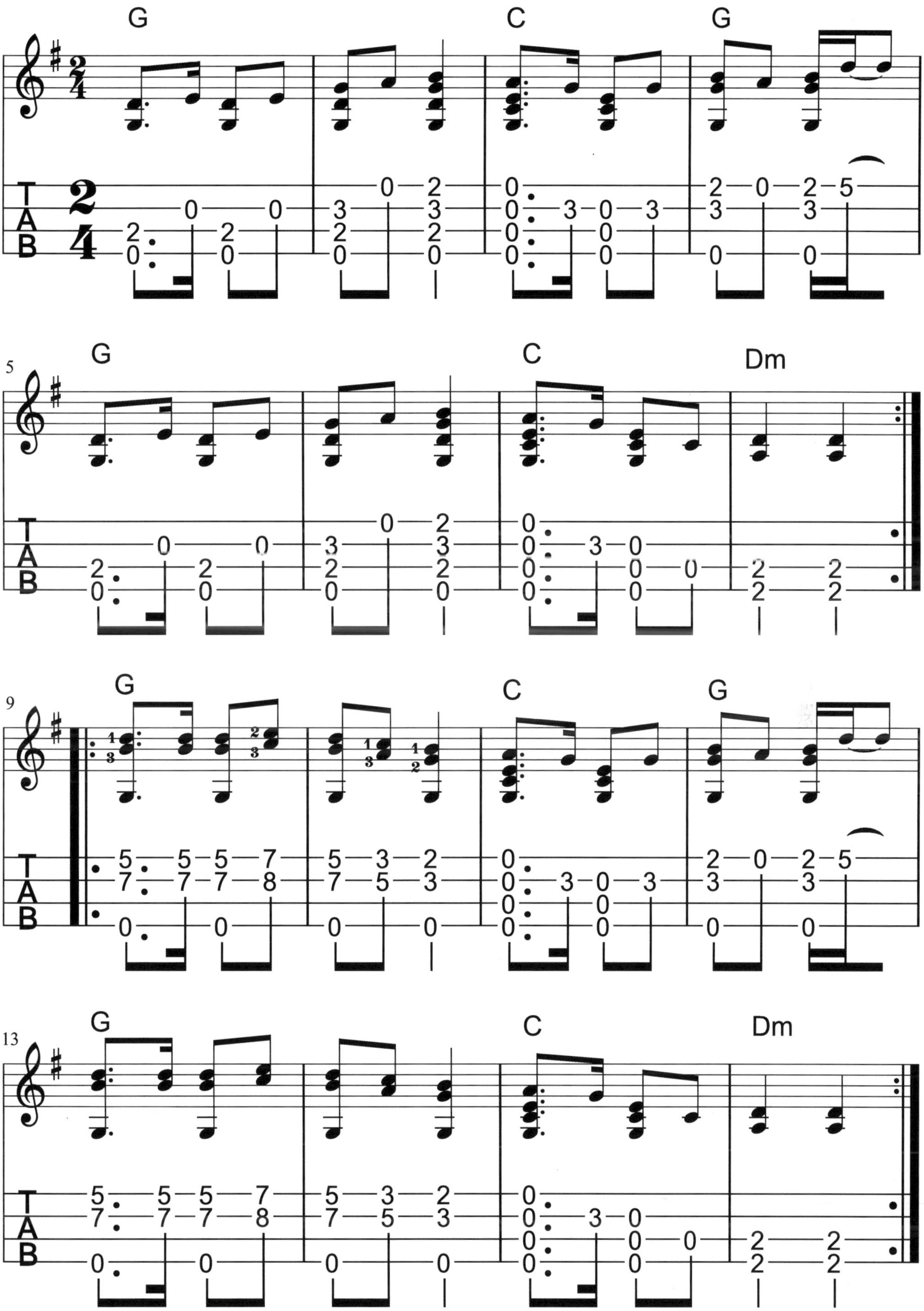

29. Merrily Kissed the Quaker

Irish Traditional, Bearbeitung: Patrick Steinbach

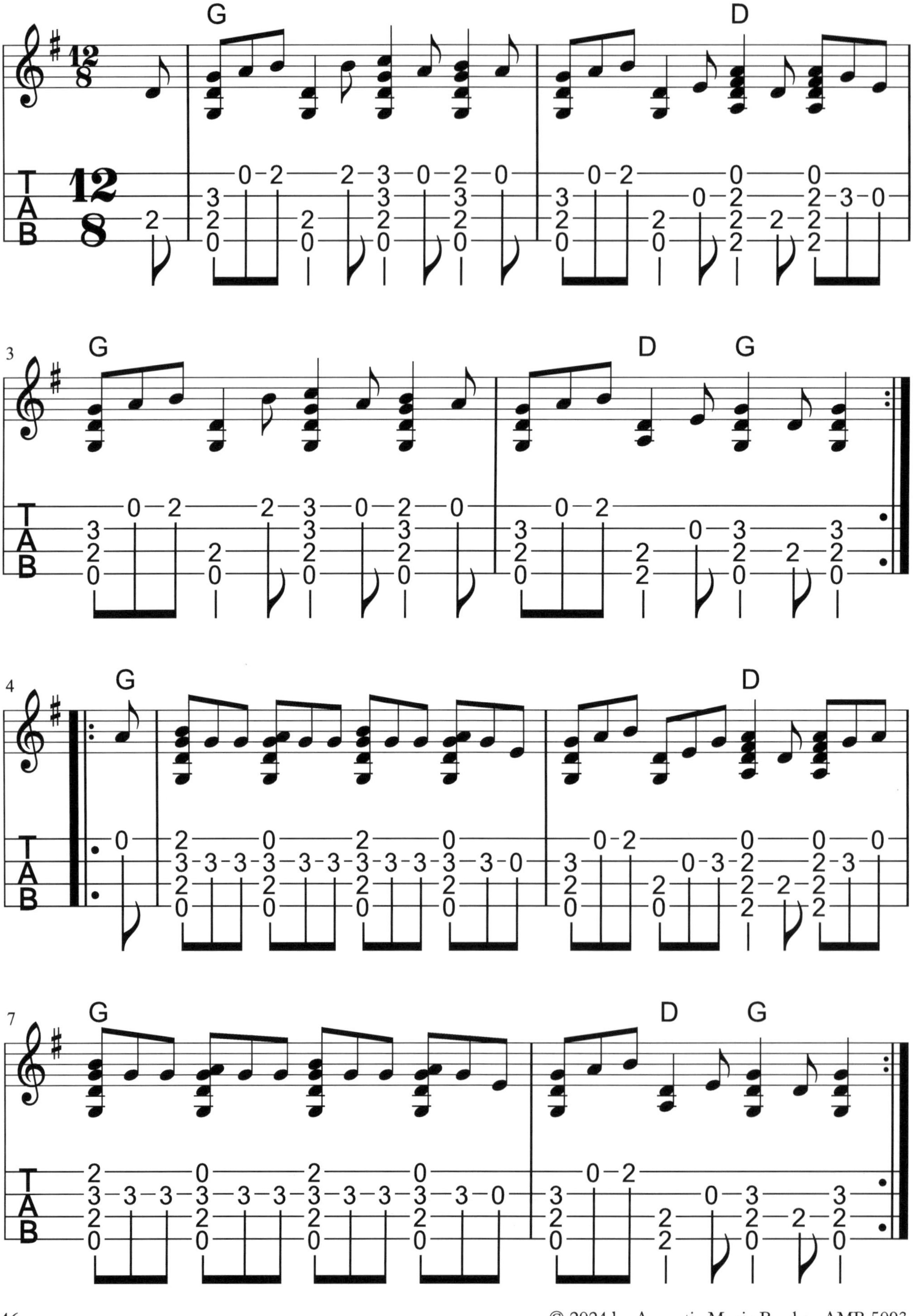

30. My Darling Asleep

Irish Traditional, Bearbeitung: Patrick Steinbach

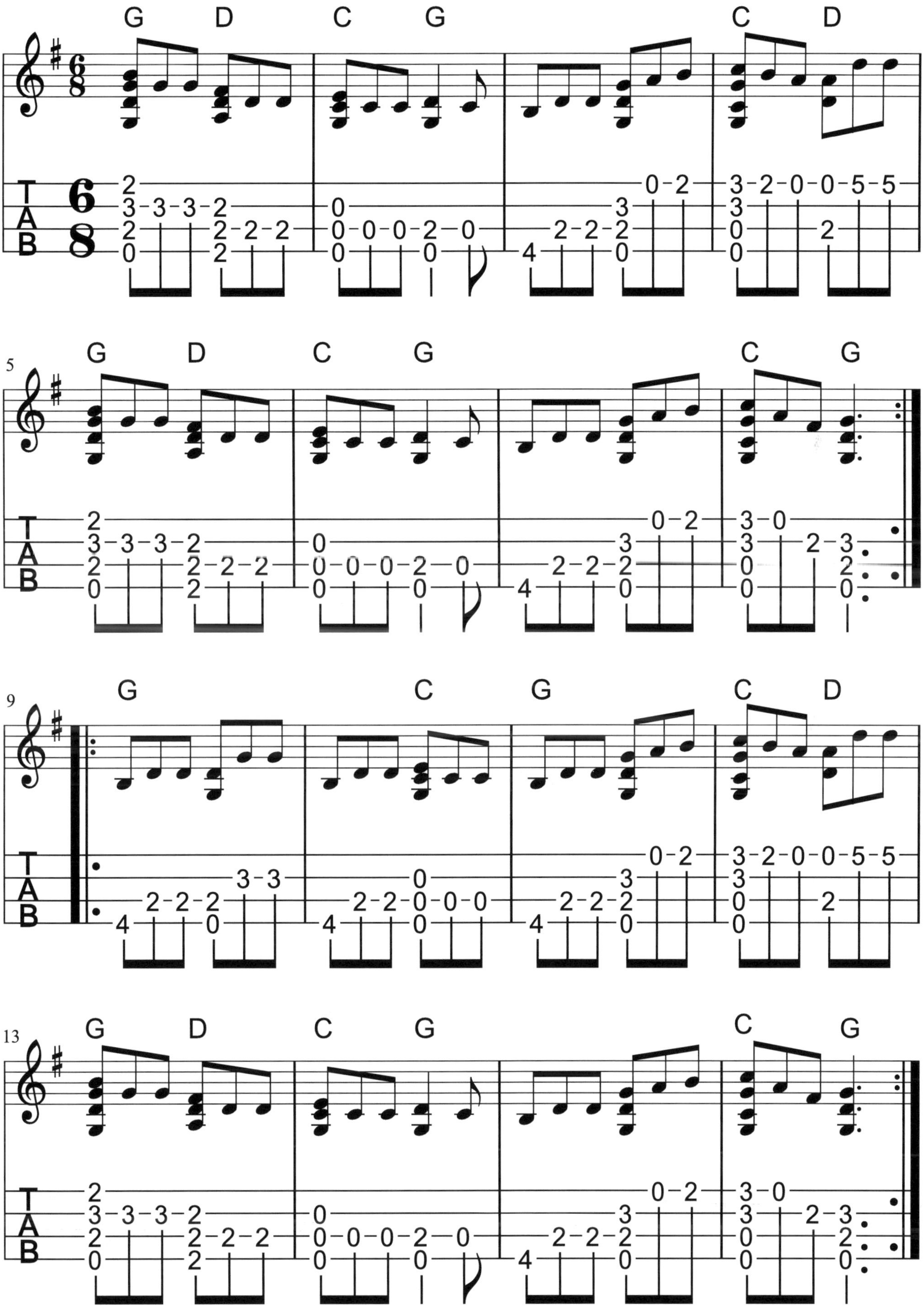

31. Mrs. Murphy

Turlough O'Carolan (1670–1738), Bearbeitung: Patrick Steinbach

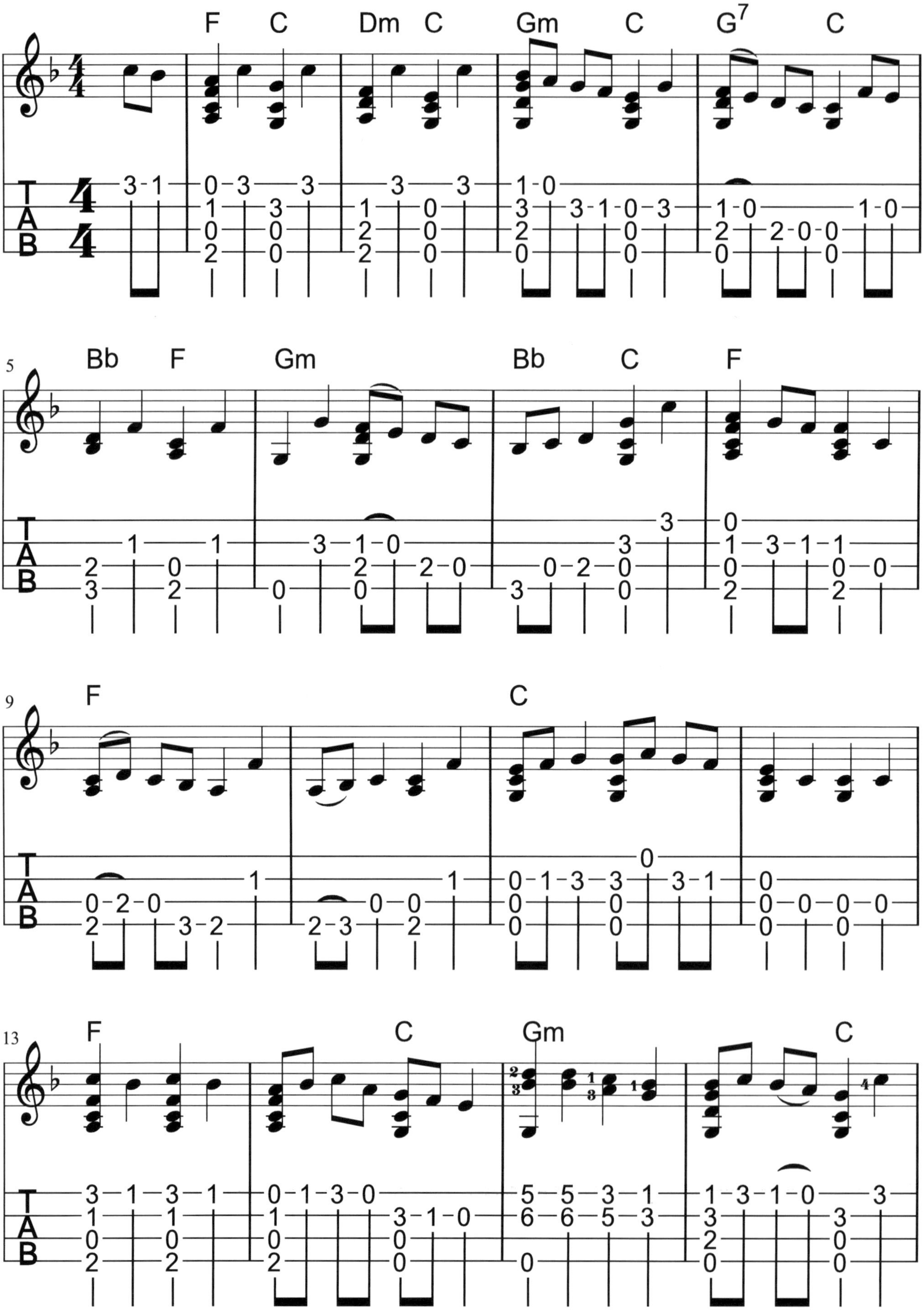

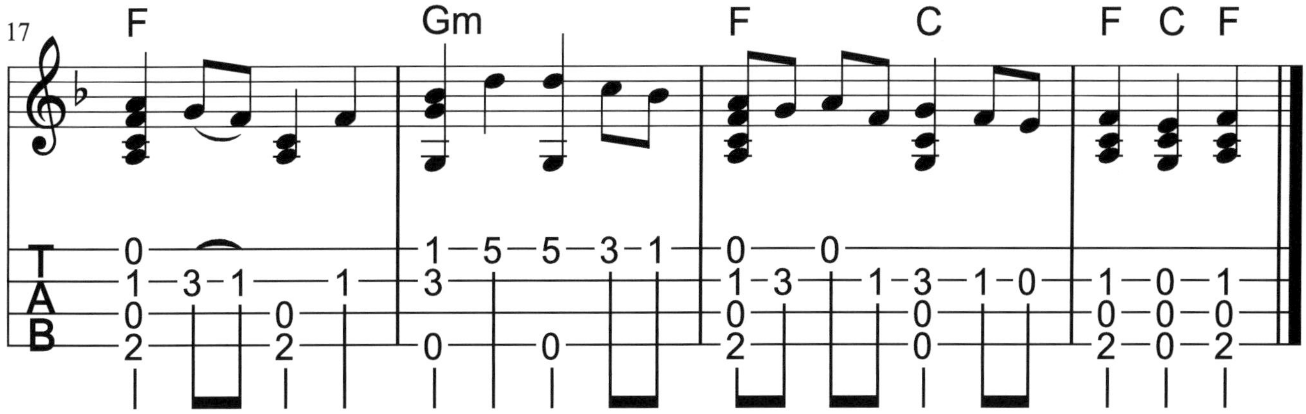

32. Wraggle Taggle Gypsies

Irish Traditional, Bearbeitung: Patrick Steinbach

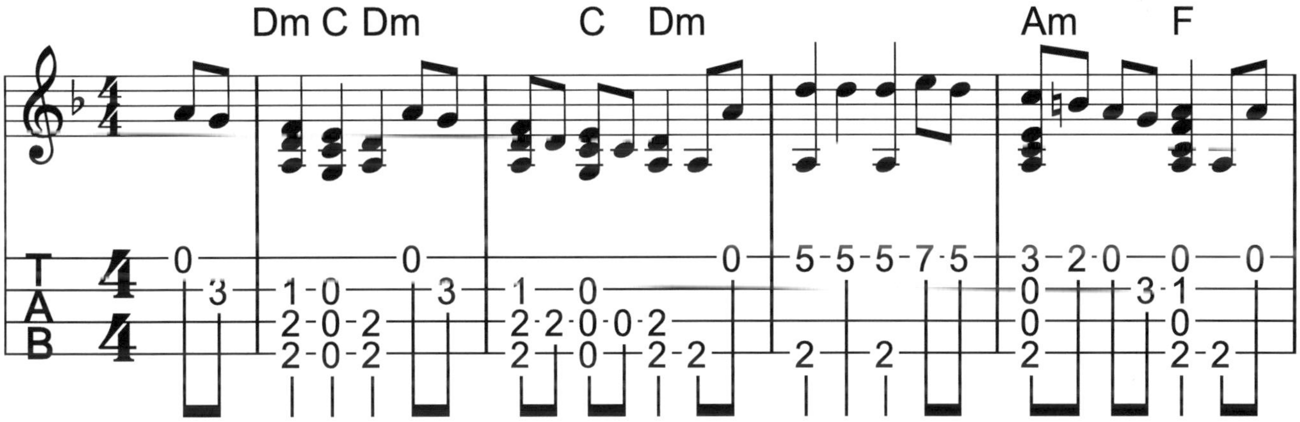

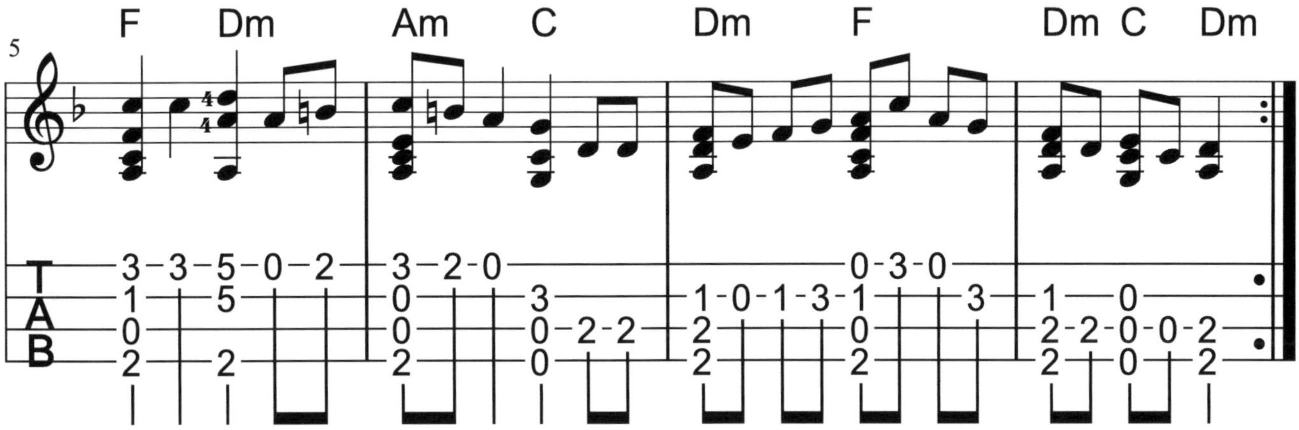

33. Oro se do Bheatha Bhaile

Irish Traditional, Bearbeitung: Patrick Steinbach

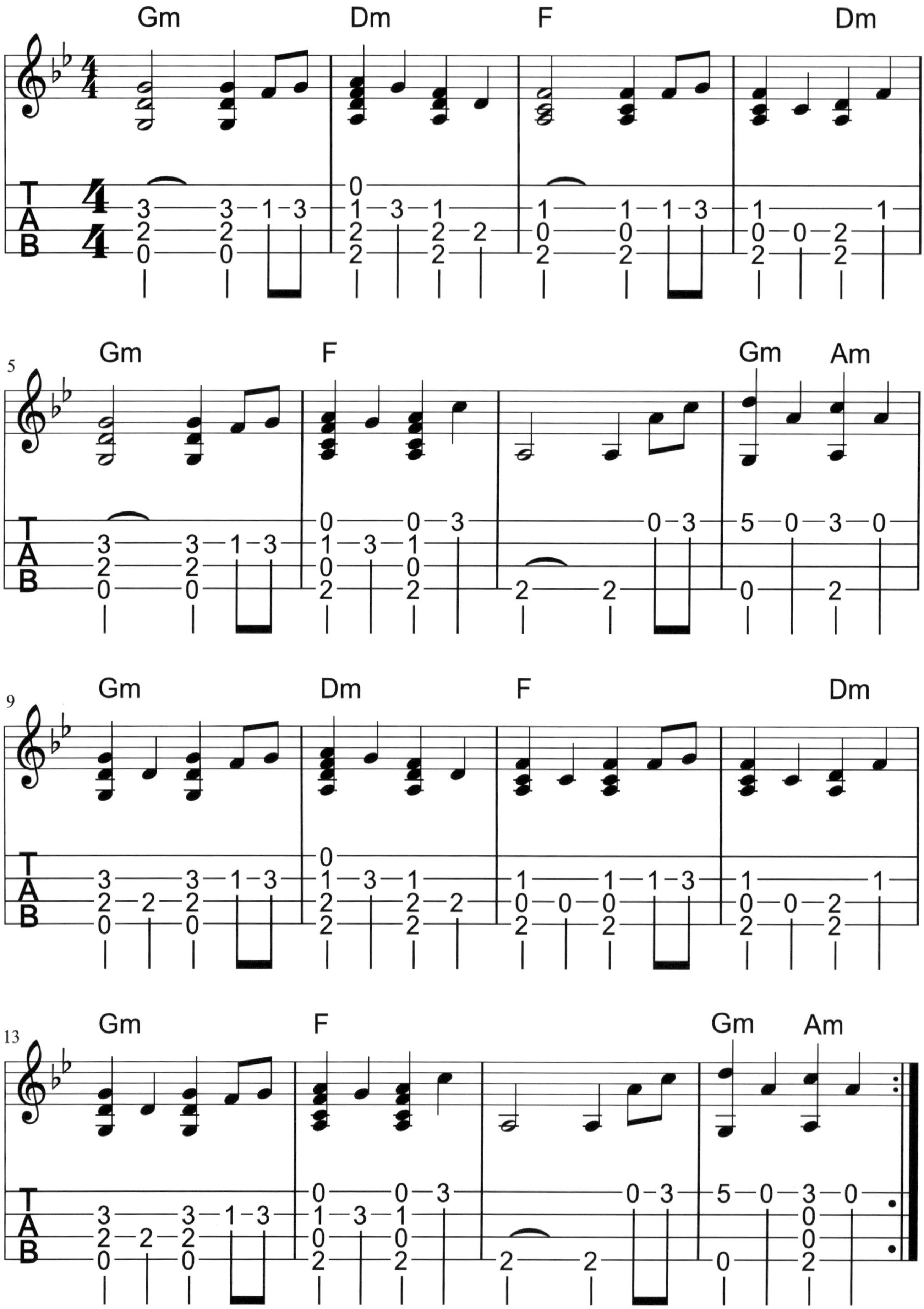

34. Paddy's Green Shamrock Shore

Irish Traditional, Bearbeitung: Patrick Steinbach

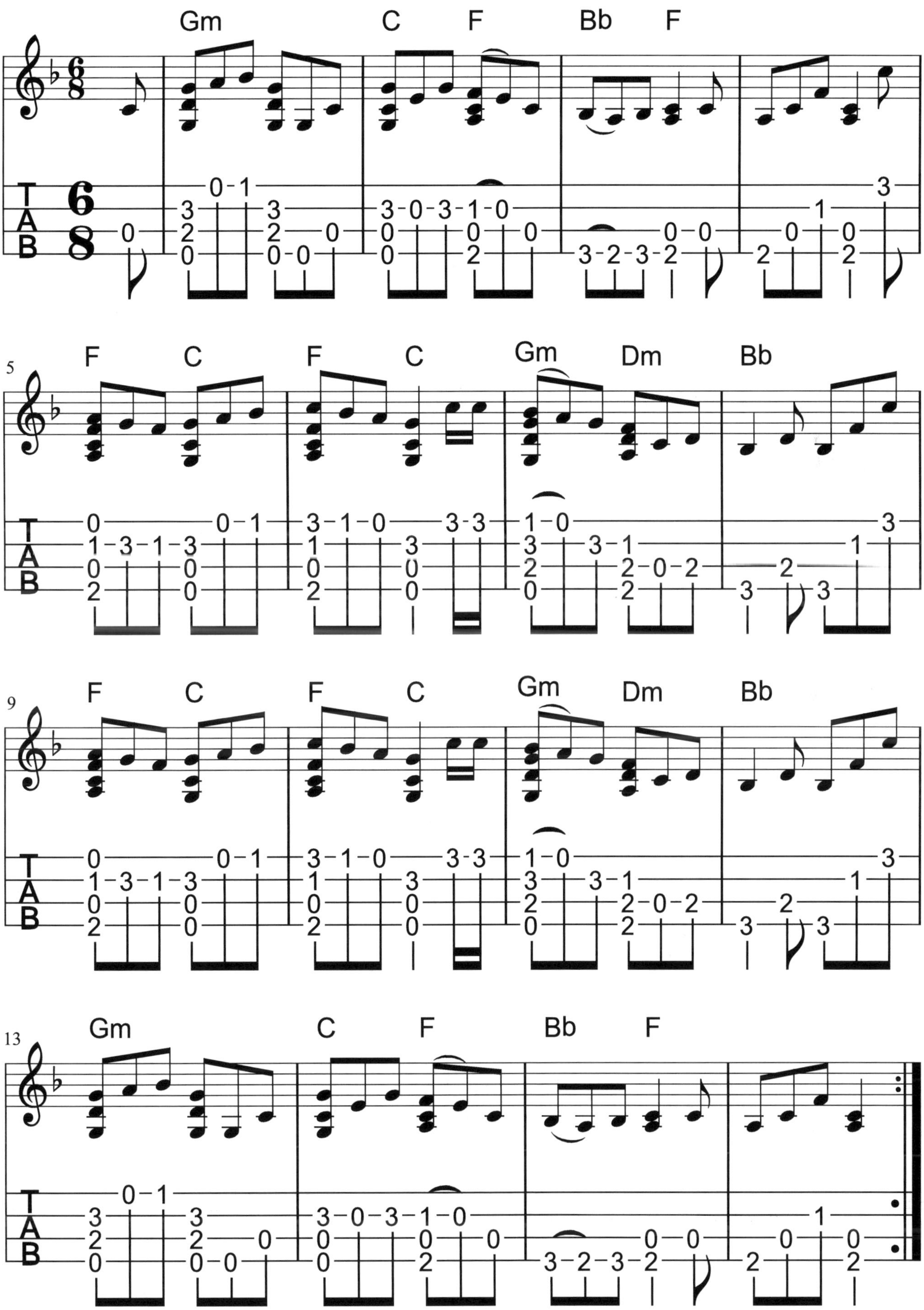

35. Peter Street

Irish Traditional, Bearbeitung: Patrick Steinbach

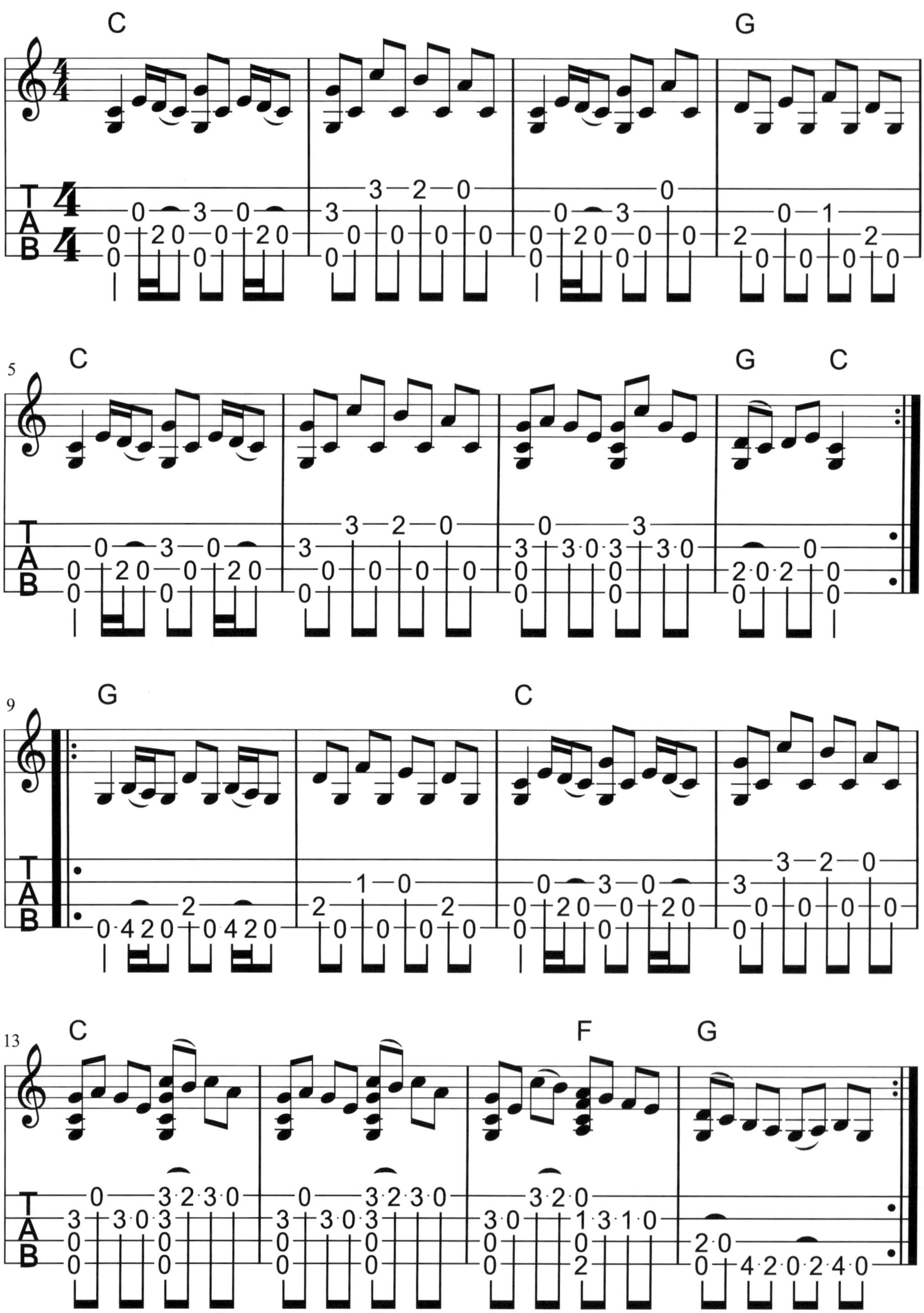

36. Rocky Road to Dublin

Irish Traditional, Bearbeitung: Patrick Steinbach

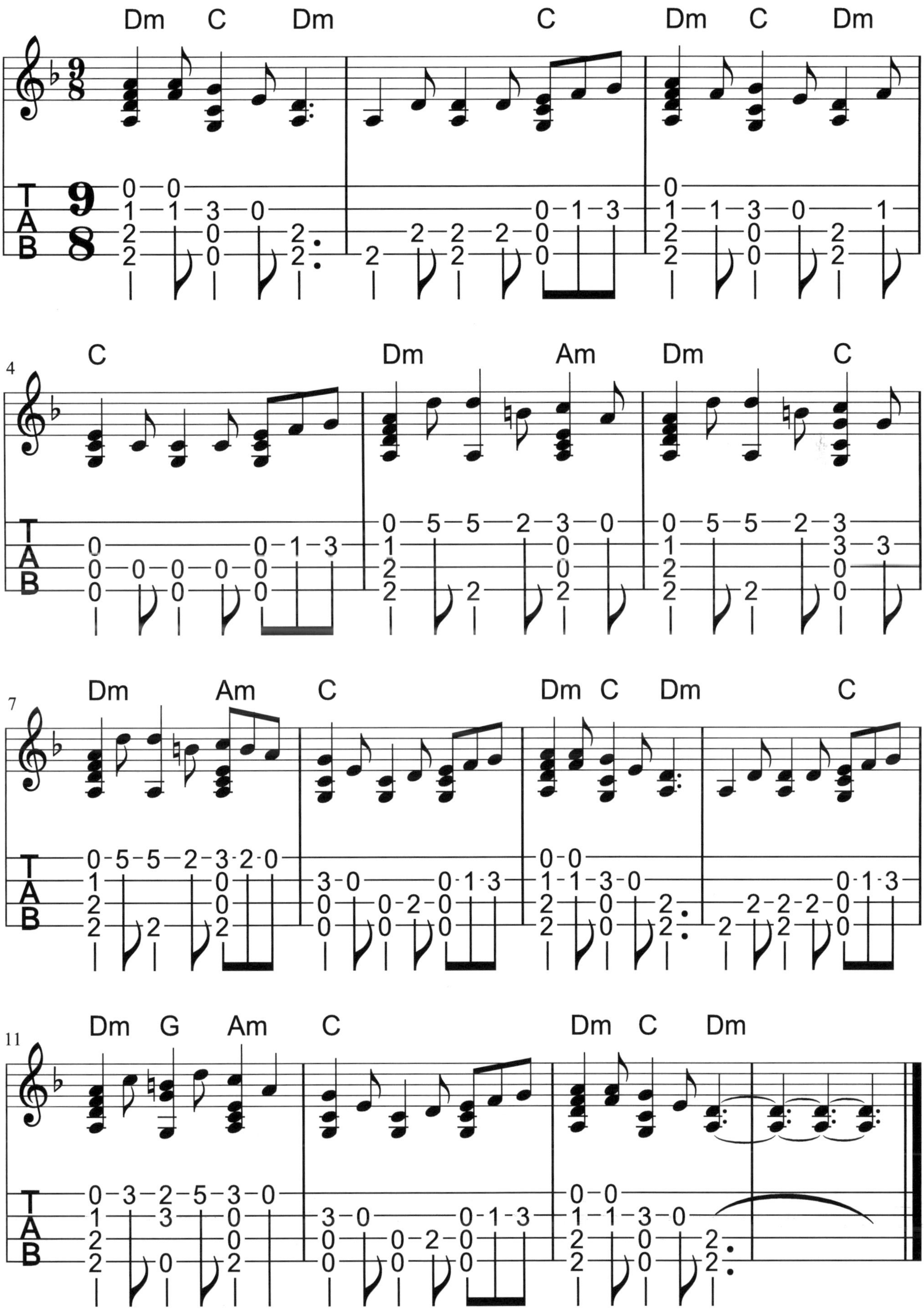

37. Sick Note

Irish Traditional, Bearbeitung: Patrick Steinbach

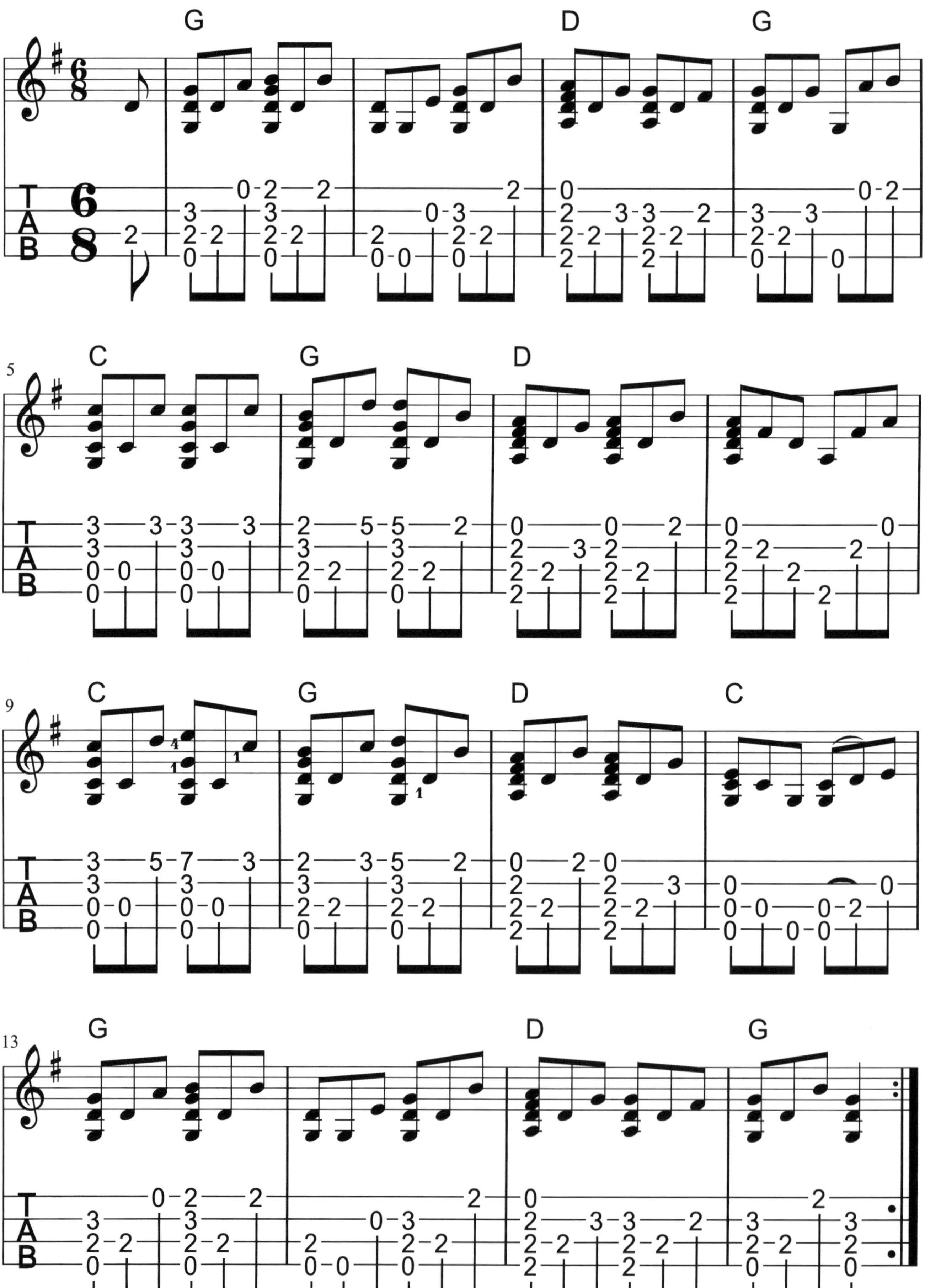

38. Suil A Ruin

Irish Traditional, Bearbeitung: Patrick Steinbach

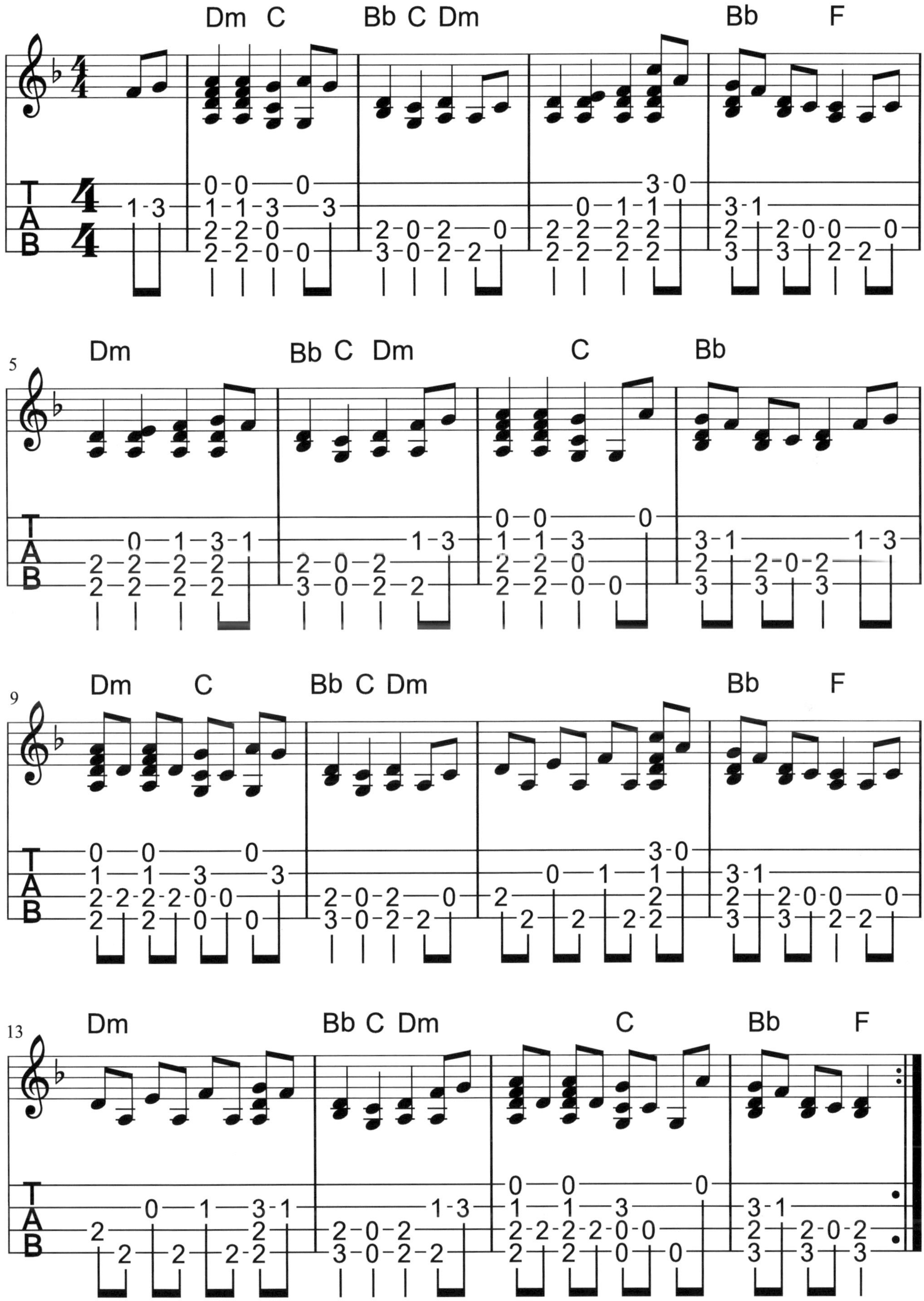

39. Southwind

Irish Traditional, Bearbeitung: Patrick Steinbach

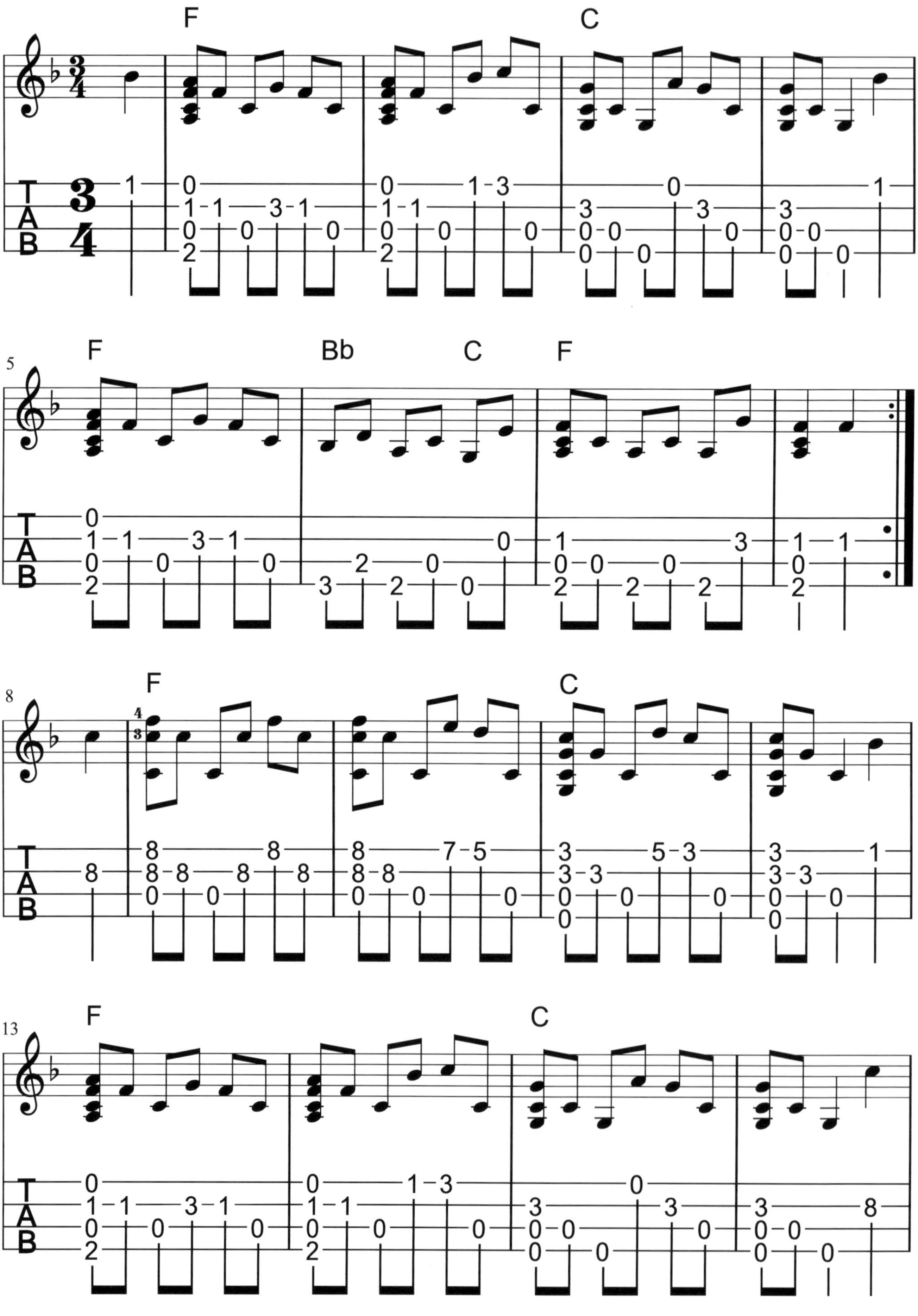

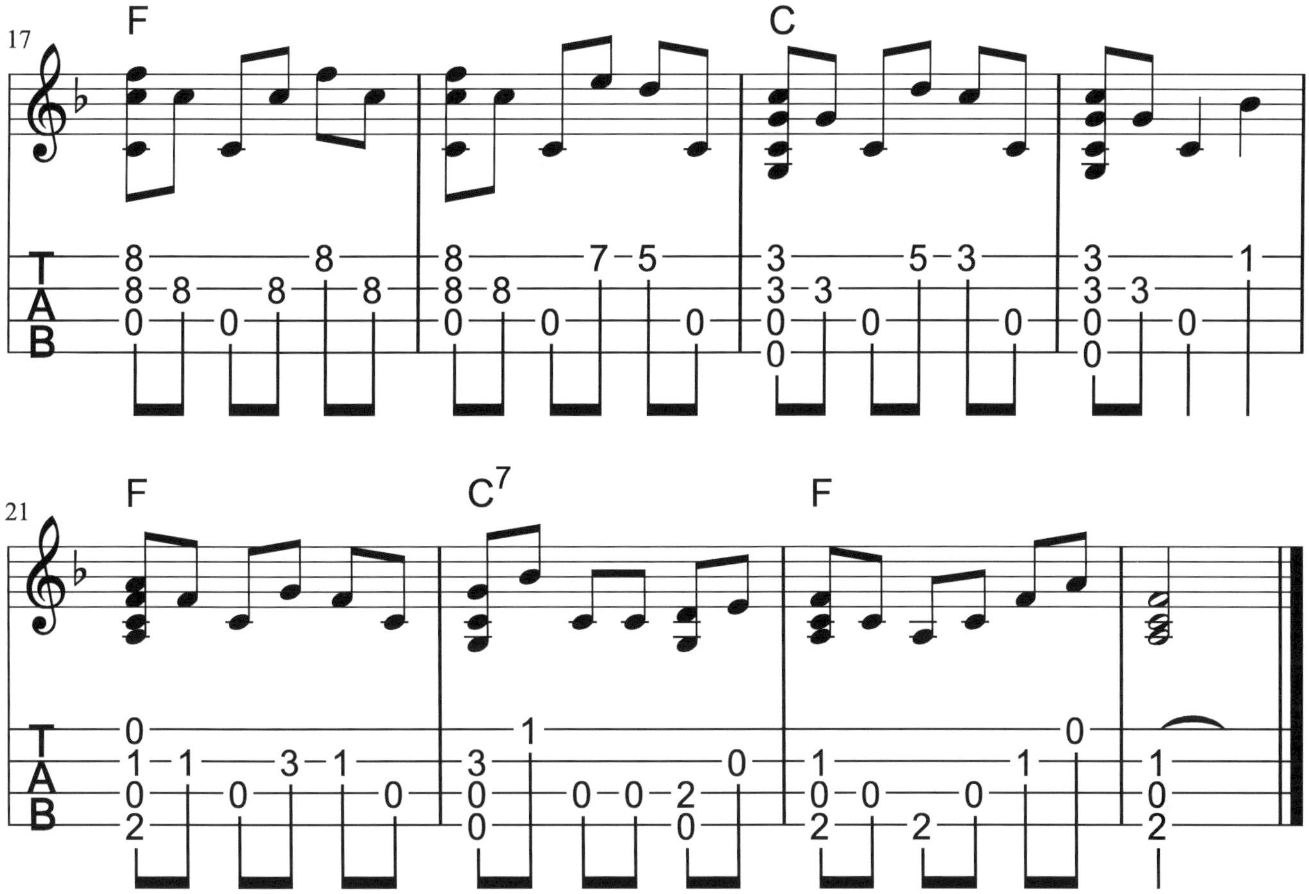
17
F
C
21
F
C7
F

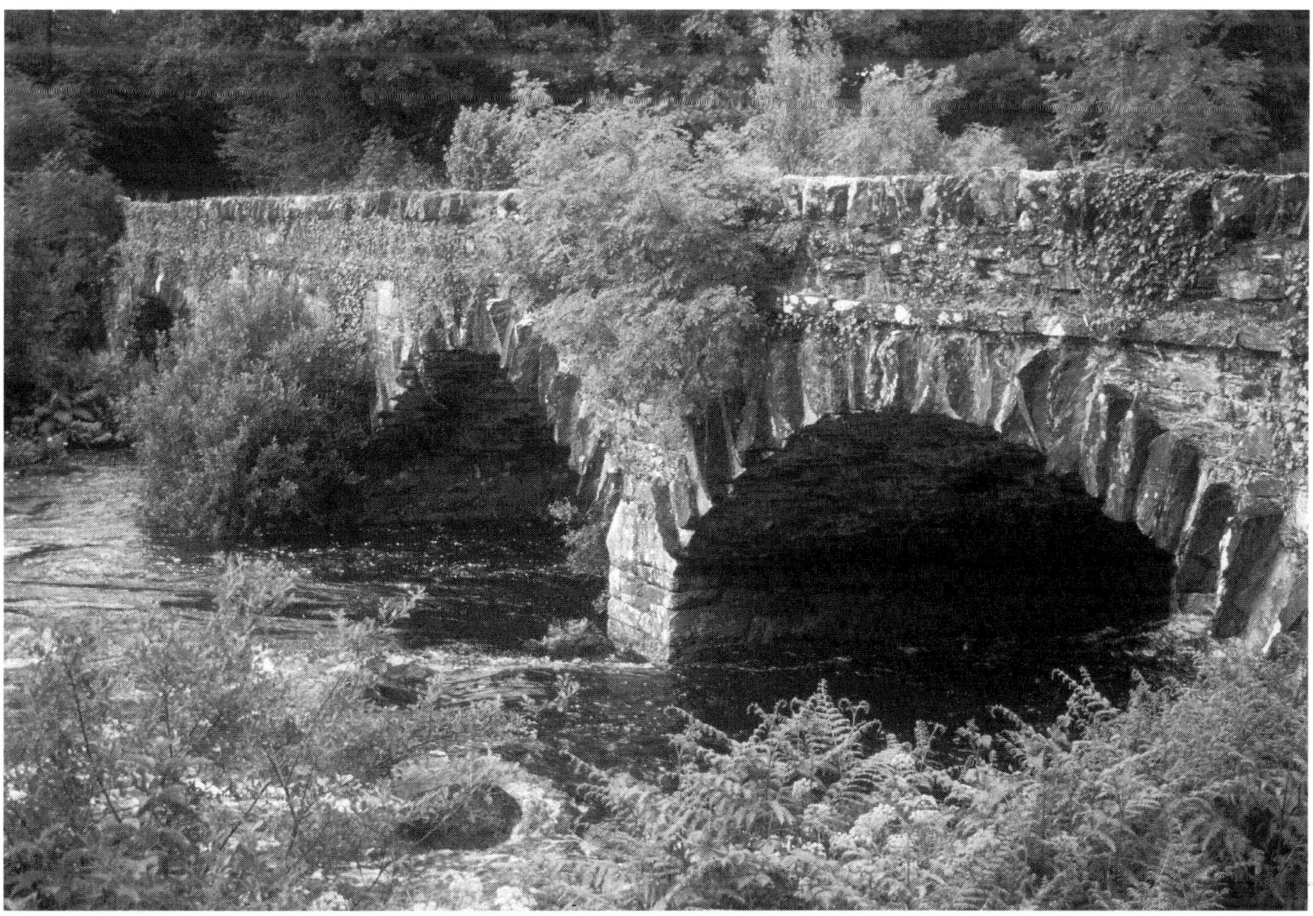

40. Timpan Reel

Irish Traditional, Bearbeitung: Patrick Steinbach

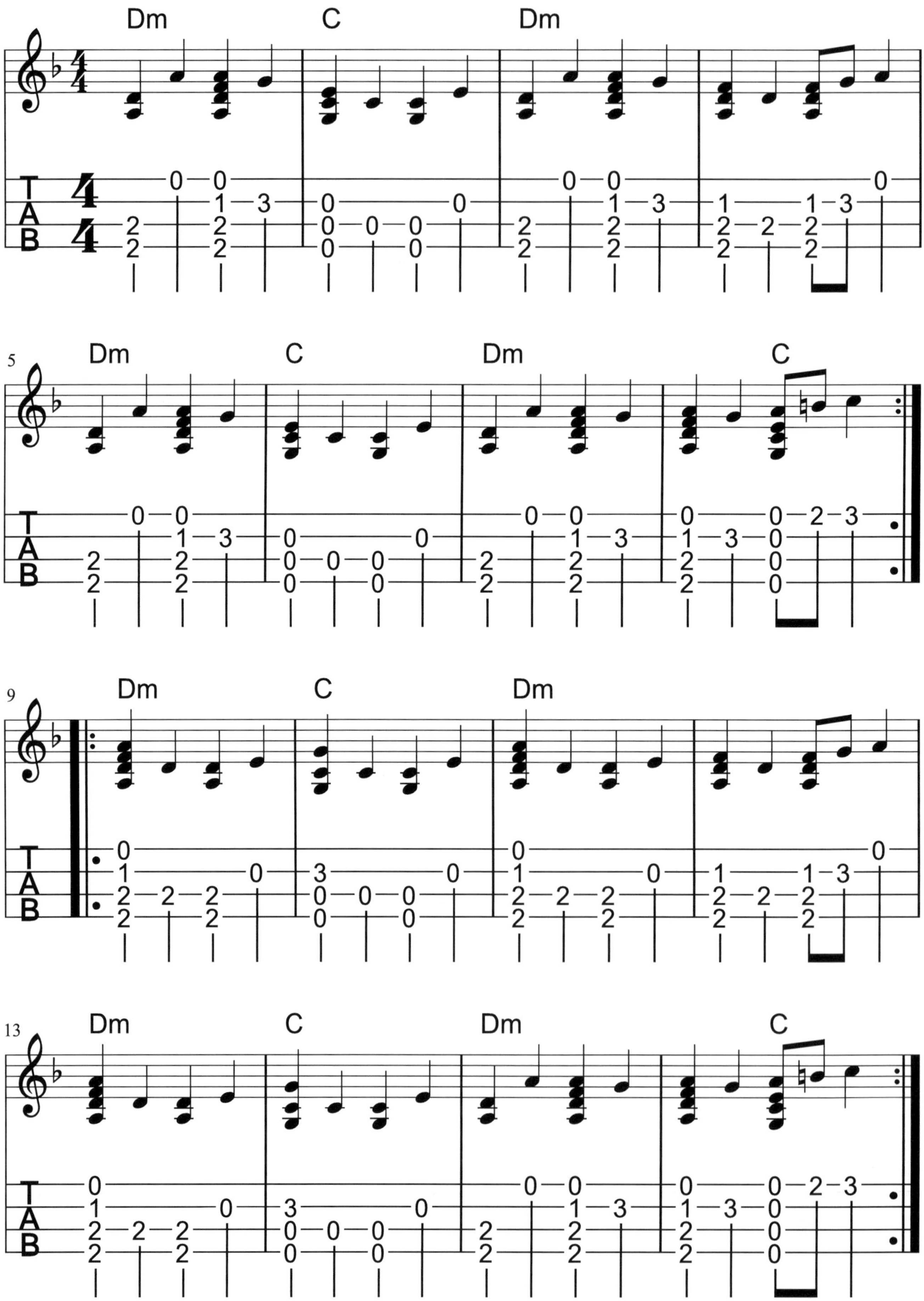

41. Trip to Sligo

Irish Traditional, Bearbeitung: Patrick Steinbach

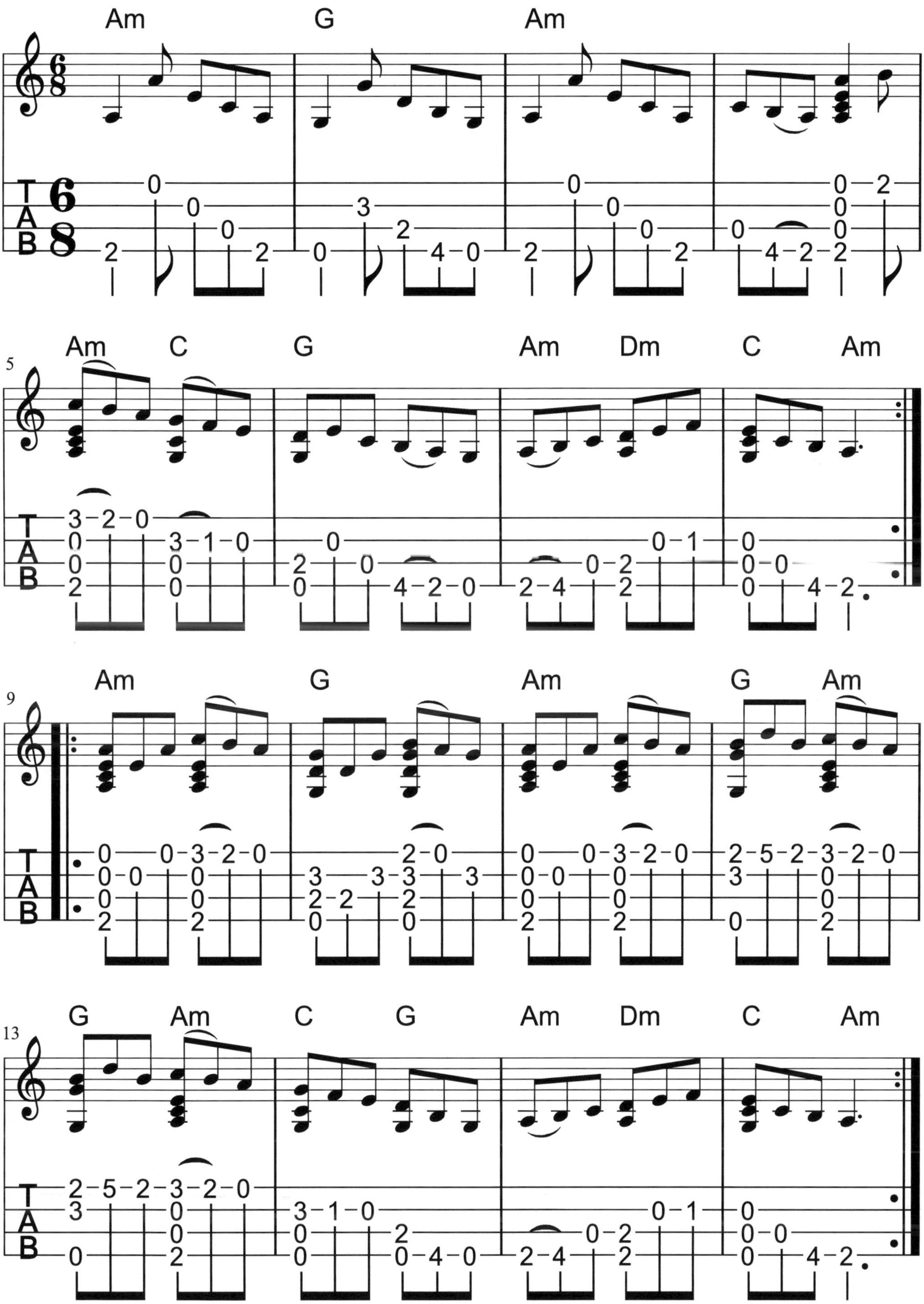

42. Two William Davises

Turlough O'Carolan (1670–1738), Bearbeitung: Patrick Steinbach

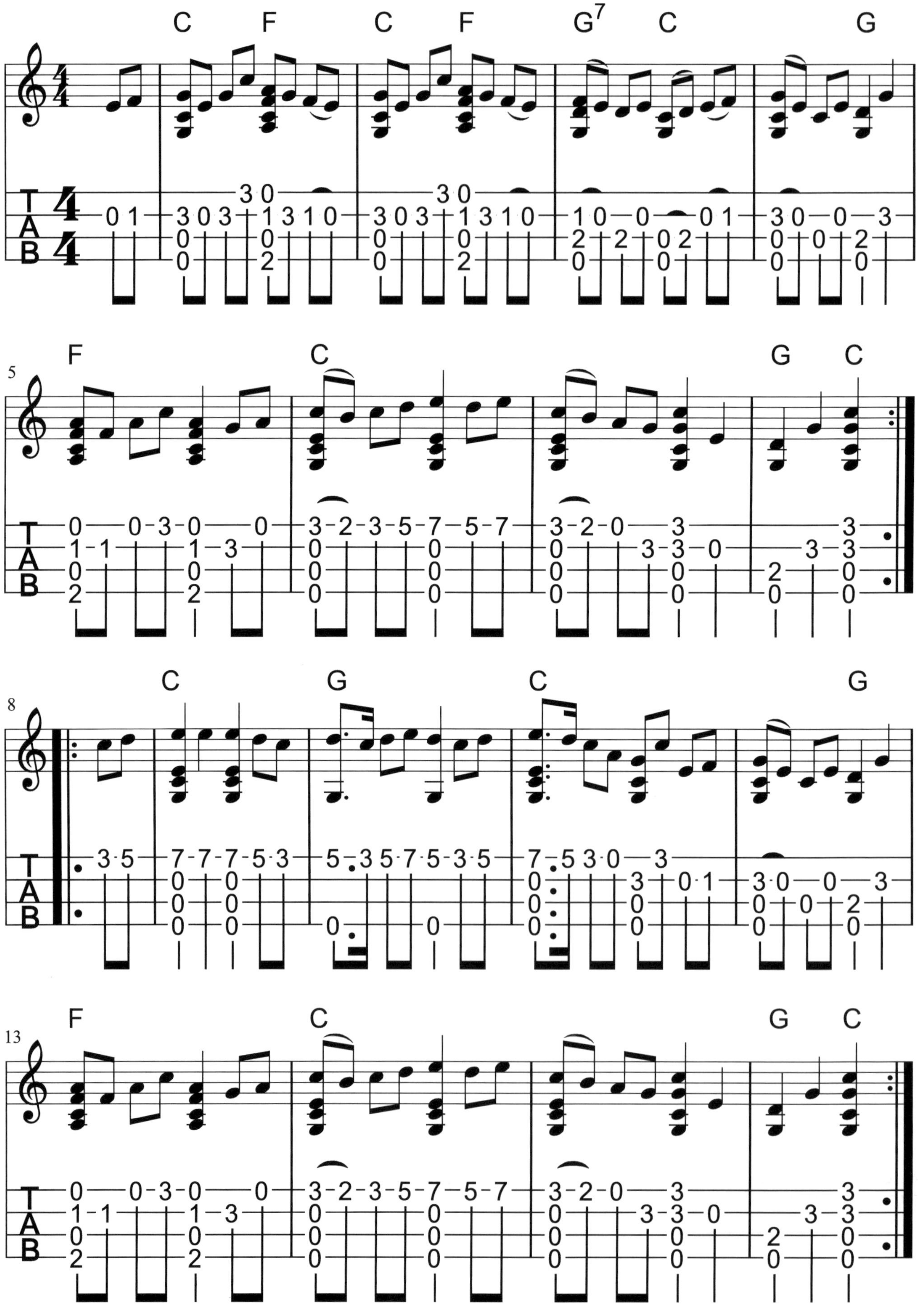

43. Wind That Shakes the Barley

Irish Traditional, Bearbeitung: Patrick Steinbach

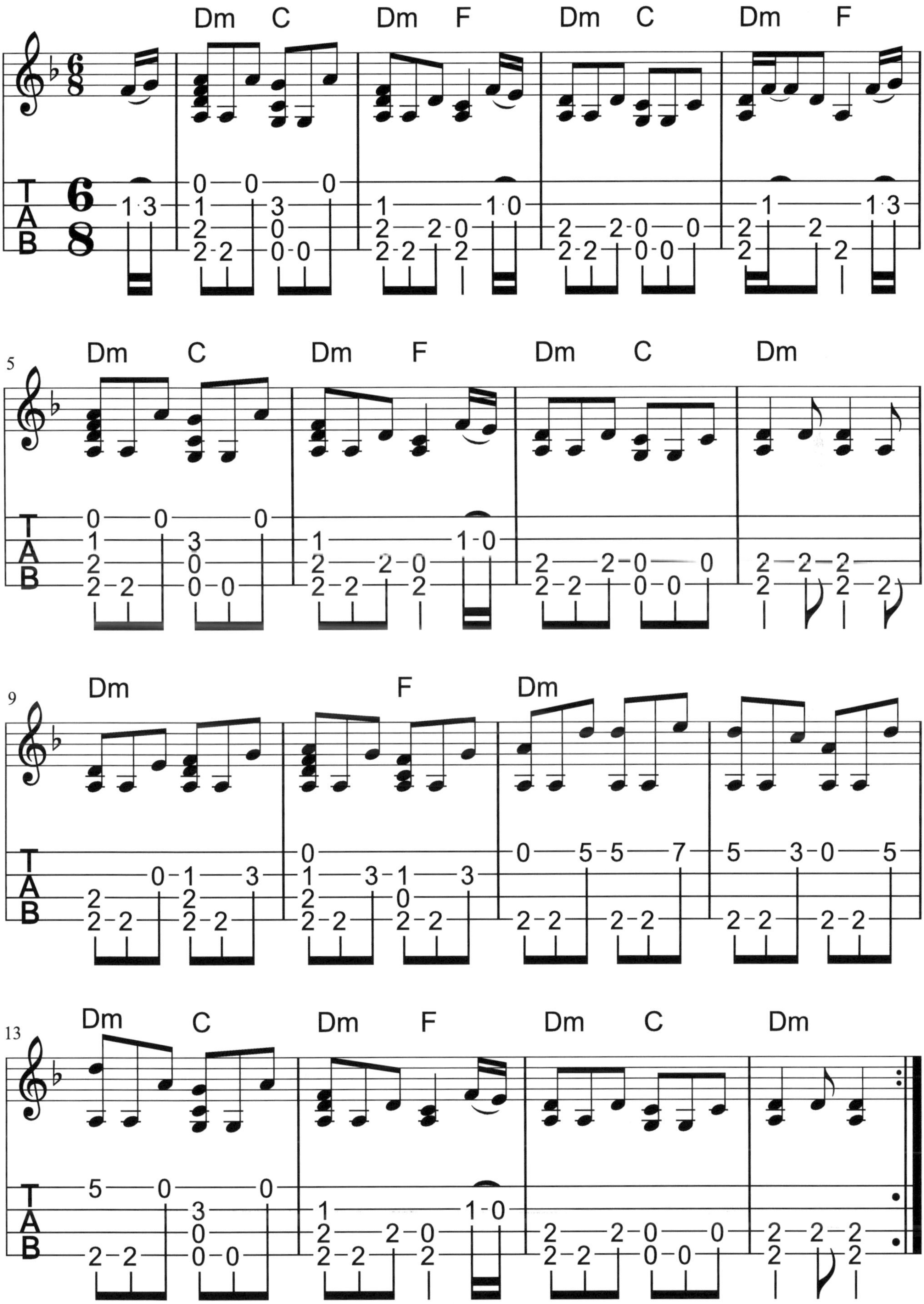

44. Whiskey in the Jar

Irish Traditional, Bearbeitung: Patrick Steinbach

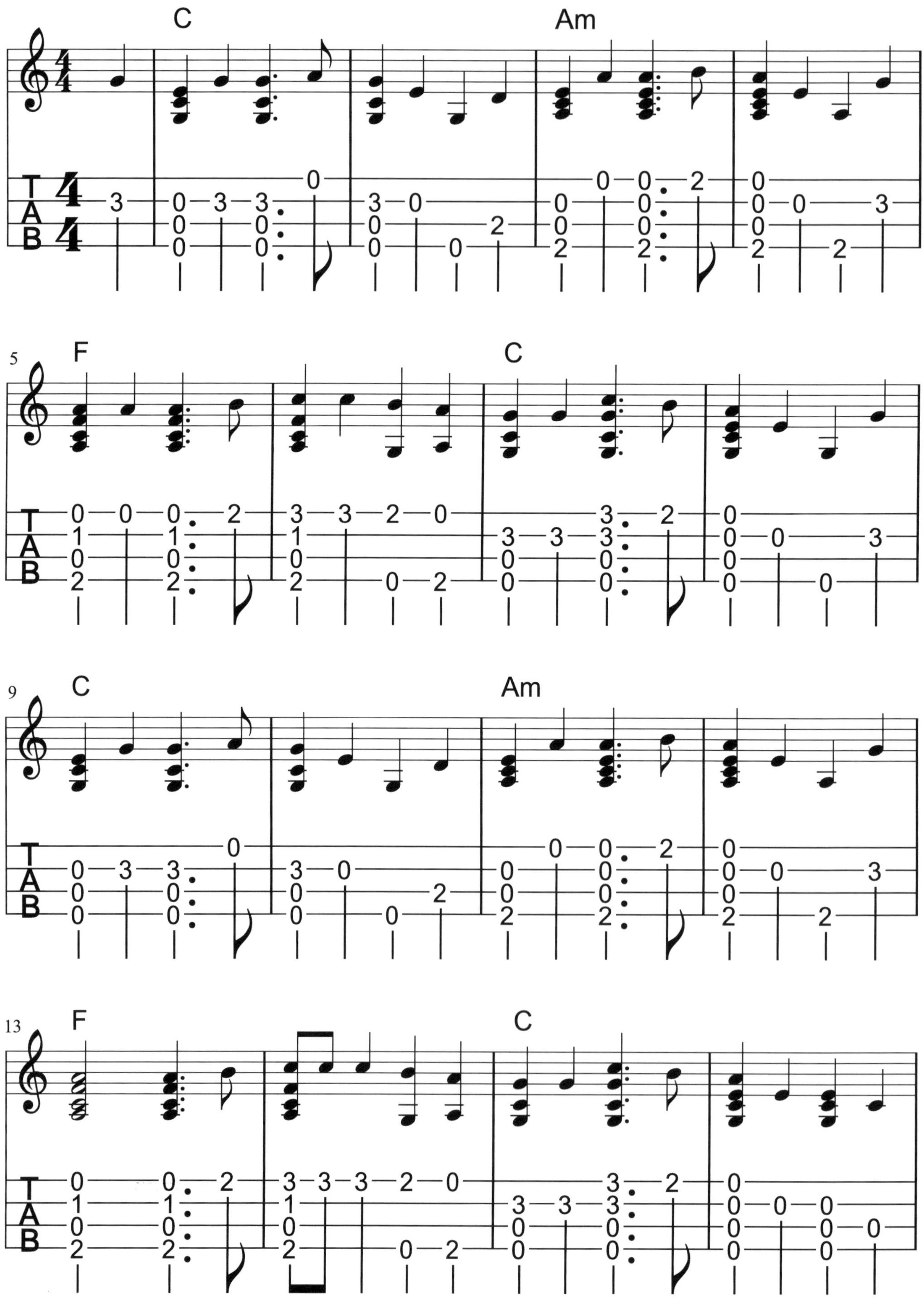

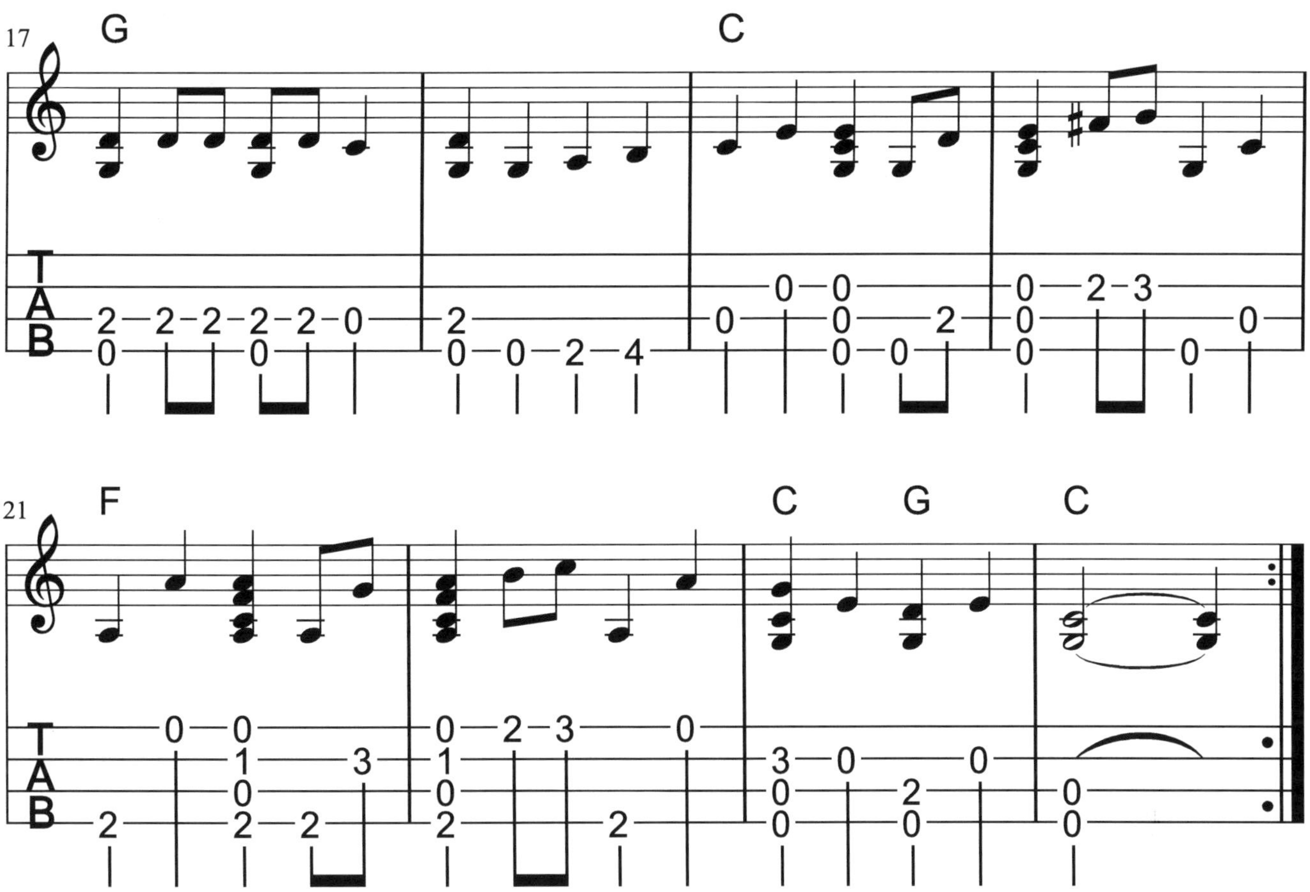
17
G
C
21
F
C G C

Akkord-Grifftabelle

A

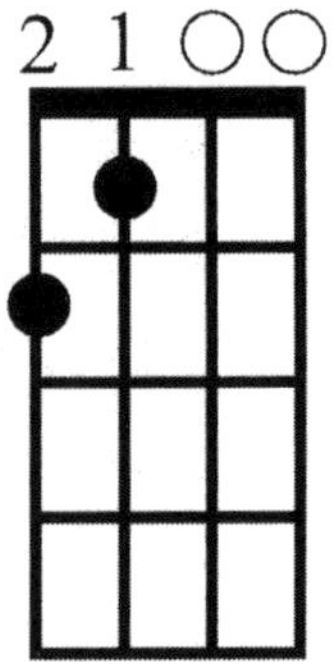

A7

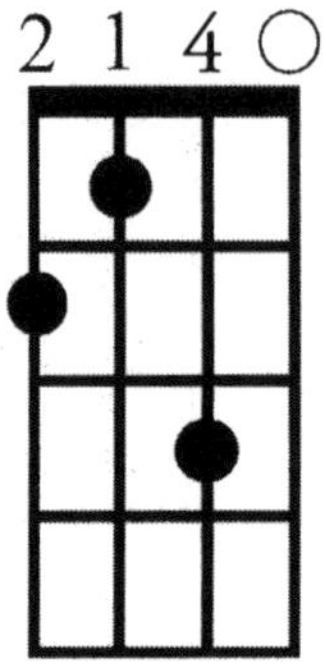

Am

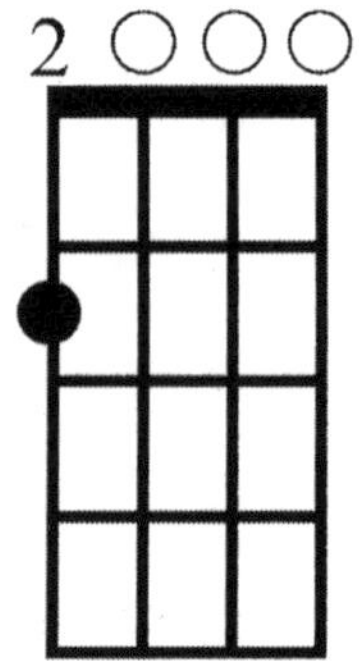

B♭

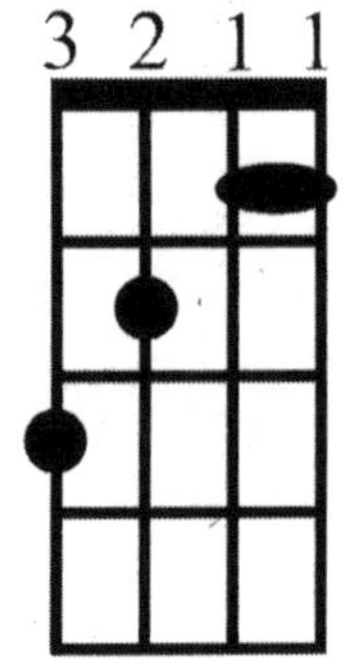

C

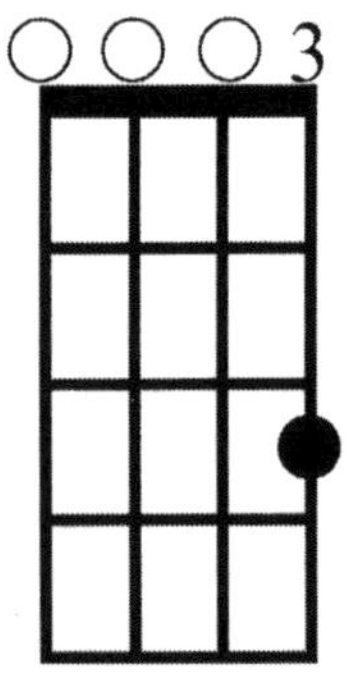

Cm

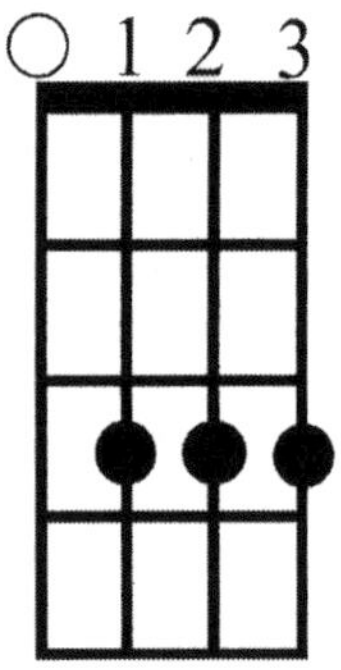

D

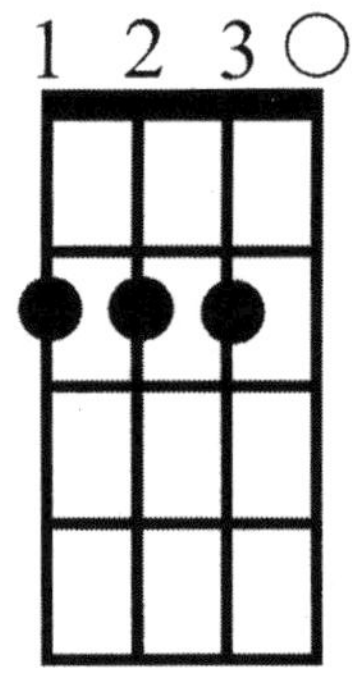

Dm

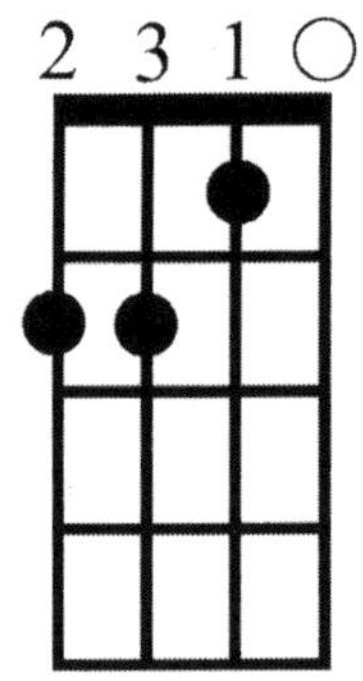

F

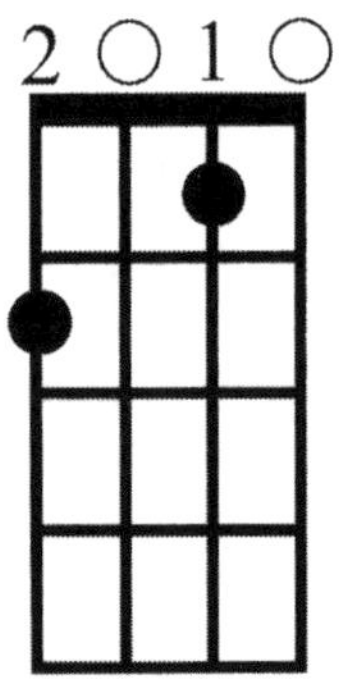

F

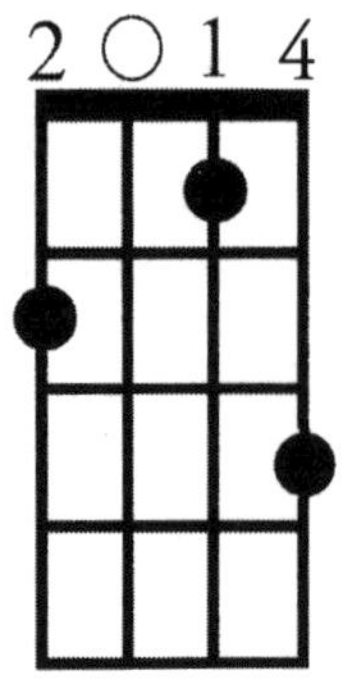

G

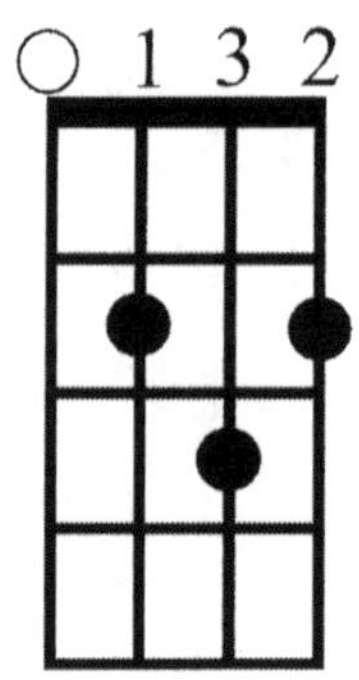

Gm

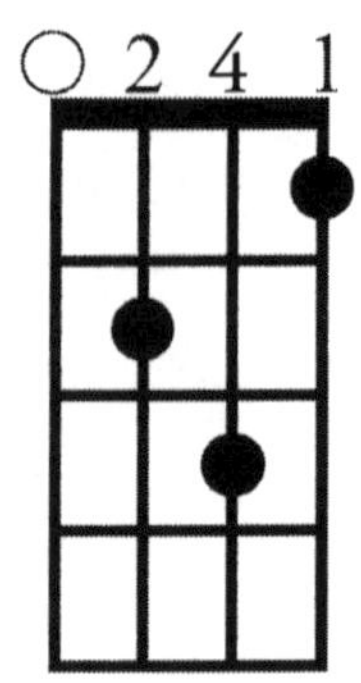